Estudos de
**DIREITO INTERTEMPORAL
E PROCESSO**

0605

A485e   Amaral, Guilherme Rizzo
     Estudos de direito intertemporal e processo / Guilherme Rizzo Amaral.
Porto Alegre: Livraria do Advogado Editora, 2007.
     104 p.; 23 cm.
     ISBN 978-85-7348-497-7

     1. Processo civil. 2. Direito intertemporal. 3. Código Civil. 4. Processo
trabalhista. I. Título.

CDU – 347.9

     Índices para o catálogo sistemático:

Direito intertemporal
Código Civil
Processo civil
Processo trabalhista

(Bibliotecária responsável: Marta Roberto, CRB-10/652)

GUILHERME RIZZO AMARAL

Estudos de
DIREITO INTERTEMPORAL
E PROCESSO

livraria
DO ADVOGADO
editora

Porto Alegre 2007

© Guilherme Rizzo Amaral, 2007

Capa, projeto gráfico e diagramação
Livraria do Advogado Editora

Revisão
Rosane Marques Borba

Direitos desta edição reservados por
Livraria do Advogado Editora Ltda.
Rua Riachuelo, 1338
90010-273 Porto Alegre RS
Fone/fax: 0800-51-7522
editora@livrariadoadvogado.com.br
www.doadvogado.com.br

Impresso no Brasil / Printed in Brazil

Esta obra é dedicada aos insuperáveis mestres José Maria Rosa Tesheiner e Carlos Alberto Alvaro de Oliveira.

Sumário

Apresentação 9

Parte I – A nova Execução (Leis 11.232/05 e 11.382/06) e o Direito Intertemporal 11

1. Introdução 11
2. Direito intertemporal constitucional: a lei não retroagirá para atingir direito adquirido, ato jurídico perfeito e coisa julgada 16
   2.1. Direito adquirido e direito adquirido processual 16
   2.2. Ato jurídico perfeito e *ato processual consumado* 18
      2.2.1. O sistema de isolamento dos atos processuais 20
   2.3. Coisa julgada 23
3. Conclusão parcial 24
4. Cumprimento e execução da sentença e a Lei 11.232/05 25
   4.1. Sentença proferida em primeiro grau de jurisdição, pendente de apelação com efeito suspensivo 26
   4.2. Sentença proferida em primeiro grau de jurisdição, pendente de apelação sem efeito suspensivo, ou acórdão proferido em segundo grau de jurisdição, pendente de interposição de recurso(s) sem efeito suspensivo ou pendente da solução deste(s). Execução provisória não iniciada 27
   4.3. Execução provisória já ajuizada 28
   4.4. Sentença com trânsito em julgado. Execução definitiva não iniciada . 30
   4.5. Execução definitiva ajuizada, com ou sem citação do executado, sem penhora e sem embargos à execução 32
   4.6. Execução definitiva ajuizada e com penhora realizada, com ou sem intimação do devedor acerca da penhora, sem embargos do devedor . 34
   4.7. Execução definitiva embargada 35
   4.8. Breves notas sobre os recursos cabíveis na liquidação e execução . . 36
5. Cumprimento e execução da sentença e a Lei 11.382/06 38
6. Execução de títulos extrajudiciais e a Lei 11.382/06 42
   6.1. Execução ajuizada, porém sem citação 43
   6.2. Citação realizada, pendendo prazo para nomeação de bens à penhora . 44
   6.3. Nomeados bens à penhora pelo devedor, pendente decisão acerca da validade da nomeação 44

6.4. Penhora realizada, não tendo sido intimado o devedor 44

6.5. Intimado o devedor da penhora, pendente prazo para oposição de embargos 45

6.6. Embargos do devedor já ajuizados 47

6.7. Sentença de improcedência proferida nos embargos do devedor, pendente de recurso. Inaplicabilidade da nova redação do artigo 587 do CPC 47

6.8. Meios expropriatórios 48

7. Conclusão 49

Parte II – Ensaio acerca do impacto do novo Código Civil sobre os processos pendentes 51

1. Introdução 51

2. O binômio direito-processo 53

3. Do Direito Intertemporal 55

4. Algumas inovações do novo Código Civil 60

4.1. Capacidade civil 60

4.2. A *disregard doctrine* 62

4.3. O domicílio 63

4.4. Dos negócios jurídicos 64

4.5. Dos atos ilícitos 67

4.6. Das obrigações 67

4.7. Da responsabilidade civil 69

4.8. Da prova 70

4.9. Da prescrição 73

4.10. Das ações possessórias 73

4.11. O artigo 2.043 do novo Código Civil 74

5. Conclusões 76

Parte III – Novas competências trabalhistas na Emenda Constitucional nº 45 e Direito Intertemporal 79

1. Introdução 79

2. O artigo 114 da Constituição Federal, conforme a Emenda Constitucional nº 45. Regra de competência absoluta 83

3. Análise da primeira hipótese: processos pendentes de sentença em primeiro grau de jurisdição 85

4. Análise da segunda hipótese: processos pendentes de recurso de apelação no Tribunal local (TRFs ou TJ) 87

5. As recentes decisões do STF (Conflito de Competência nº 7204) e dos Tribunais Estaduais com relação à competência para julgamento dos processos envolvendo acidente do trabalho e dos recursos neles interpostos: *prospective overruling* 94

6. Conclusão 98

Referências bibliográficas 101

Apresentação

Sempre preocupou-nos a temática do direito intertemporal e processo. Talvez por fazer parte de uma geração cuja formação acadêmica desenvolveu-se sob constantes mudanças do direito positivo material e processual, a problemática envolvendo a aplicação das leis no tempo esteve sempre presente. Também pudemos notar, em aulas e palestras que proferimos sobre a reforma processual, o constante questionamento em torno do mesmo problema: como aplicar as novas leis aos processos em curso.

Em 1974, quando Galeno Lacerda publicou o clássico "O Novo direito processual civil e os feitos pendentes", já advertira de que "a lacuna do Código no disciplinar o assunto impõe árdua tarefa de construção doutrinária e jurisprudencial". A lacuna permanece, mas os problemas que surgem são novos e demandam, se não uma reconstrução do direito intertemporal, uma reflexão detida sobre a aplicabilidade atual das lições clássicas sobre a matéria.

Nossas reflexões sobre o tema deram origem a três ensaios, nos quais abordamos a aplicabilidade de leis novas (bem como de orientação jurisprudencial nova relativa à competência da Justiça do Trabalho) a processos em curso.

Iniciamos, em 2003, com o ensaio sobre o impacto do novo Código Civil sobre os processos pendentes, onde o foco foi a aplicação temporal de regras de direito material. Para a presente obra, acrescentamos ao ensaio original alguns apontamentos sobre as raízes do direito intertemporal, bem como sobre os ensinamentos de Gabba e de Roubier.

A seguir, já no ano de 2005, preocupamo-nos com a nova orientação do Supremo Tribunal Federal sobre a competência para o julgamento das ações acidentárias, orientação a qual, ainda que de certa

Estudos de Direito Intertemporal e Processo

forma provocada pela Emenda Constitucional nº. 45, não teve esta como fundamento principal, sendo em verdade decorrência de uma reinterpretação do texto constitucional original. Neste caso, tratamos de avaliar o impacto das novas regras – jurisprudenciais – sobre competência aos processos em curso, tanto no tocante à competência propriamente dita, como também no que toca ao regime recursal a ser adotado.

Por fim, no corrente ano de 2007, tratamos de abordar a aplicação das Leis 11.232/05 e 11.382/06, que tratam fundamentalmente da execução de títulos judiciais e extrajudiciais, sobre os processos pendentes. Por ser o trabalho mais recente, é natural que algumas idéias lançadas preliminarmente nos estudos anteriores tenham amadurecido e sido objeto de desenvolvimento e sistematização nesse último escrito, razão pela qual, ignorando o aspecto cronológico, passa a ser ele primeiramente apresentado ao leitor.

Esperamos que a reunião de tais estudos em uma mesma obra auxilie de alguma forma os operadores do direito, não apenas para solucionar os problemas que nela foram especificamente analisados, mas, em especial, para que, com base nas idéias aqui desenvolvidas, possam ser construídas soluções para questões futuras de direito intertemporal e processo.

Porto Alegre-RS, maio de 2007.

Guilherme Rizzo Amaral

guilherme.amaral@veirano.com.br

guilherme.r.amaral@hotmail.com

Parte I

A nova Execução (Leis 11.232/05 e 11.382/06) e o Direito Intertemporal

1. Introdução

Há mais de dez anos, os operadores do direito convivem com a chamada "reforma processual". Por algum tempo, chegou-se a falar em primeira, segunda ou terceira fase da reforma. Tal nomenclatura aos poucos parece estar sendo abandonada, diante da inevitável constatação de que estamos diante de uma ampla a geral reformulação do Código de Buzaid, vencido pelo tempo e pelas ricas e complexas mudanças por que tem passado a sociedade brasileira nas últimas três décadas, a exemplo do que se passa em todo o mundo civilizado.[1]

Não vai, aqui, nenhuma crítica ao procedimento escolhido pelos notáveis juristas que se encarregaram de "modernizar" nossa lei processual. Tivessem buscado a aprovação de um novo Código de Processo Civil, em vez de realizarem reformas pontuais, poderíamos

---

[1] Talvez a mais crítica mudança tenha sido a do aspecto qualitativo dos litígios, em decorrência da ampla massificação da economia É o que ressalta Carlos Alberto Alvaro de Oliveira, ao afirmar que "o tempo tornou-se em nossos dias um dos parâmetros fundamentais da Justiça moderna, em face da mudança de natureza qualitativa na natureza dos litígios, na maior parte surgidos em virtude da massificação da economia, abrangendo um número enorme de pessoas de poucos ou médios recursos. A tudo isso se acrescenta a extraordinária velocidade do mundo atual, decorrente da revolução informática, a exigir um novo paradigma de Justiça, certamente diverso do modelo iluminista que inaugurou a modernidade". (ALVARO DE OLIVEIRA, Carlos Alberto. Efetividade e processo de conhecimento. *Revista da Ajuris,* Porto Alegre, v. 26, n. 75, p. 120-135, set. 1999. Esta mudança qualitativa é também destacada por Roger Perrot (PERROT, Roger. O processo civil francês na véspera do século XXI. Trad. J. C. Barbosa Moreira. *Revista Forense*, Rio de Janeiro, v. 94, n. 342, p. 161-168, abr. 1998). Afirma o jurista francês que "a massa litigiosa não se limitou a aumentar em quantidade: também *qualitativamente* se modificou a fundo. Eis aí um aspecto em que se pensa bem menos e que, todavia, merece a maior atenção. No século XIX, os litígios versavam em geral sobre a propriedade de terras [...] litigava-se, com freqüência, família contra família, ao longo de várias gerações. Ora, em nossos dias, é diferente o contexto. A grande maioria dos processos envolve questões que impregnam nossa vida quotidiana [...] cumpre que nos rendamos à evidência: *sociologicamente, o processo deslocou-se na direção de camadas populacionais de condições mais modestas, que vivem de seus ganhos e são comumente designadas por* 'classes médias'." (Ibidem., p. 162).

Estudos de Direito Intertemporal e Processo

vivenciar o mesmo que se passou com o novo Código Civil, cujo projeto tramitou por quase três décadas e que, ao nascer, nasceu velho em diversos aspectos.

É inegável, no entanto, que as constantes – e algumas delas inevitáveis – reformas processuais trazem consigo *insegurança*, decorrente da instabilidade da legislação, das dúvidas que sempre surgem em torno de sua interpretação e da necessidade de constante atualização por parte dos operadores do direito. A segurança jurídica, por sua vez, é um valor inerente ao Estado de Direito,[2] e é vista na doutrina não só como a garantia do cidadão contra o arbítrio estatal, mas também como a previsibilidade da atuação do Estado em face do particular, exigindo, portanto, regras fixas.[3] Sua presença, ora como valor, ora como princípio, ou assumindo outras facetas, é constante nos países democráticos do mundo inteiro. No Direito alemão, por exemplo, ela é identificada com a clareza da lei – "o direito vigente é compreensível para o cidadão"[4] – com a proteção à confiança na ordem jurídica – que se ocupa da "continuidade das leis, já que, em certa medida, a segu-

---

[2] Como afirma J. J. Gomes Canotilho, "o homem necessita de *segurança* para conduzir, planificar e conformar autónoma e responsavelmente a sua vida. Por isso, desde cedo se consideravam os princípios da *segurança jurídica* e da *protecção da confiança* como elementos constitutivos do Estado de direito." (CANOTILHO, José Joaquim Gomes. *Direito Constitucional*. 4. ed. Coimbra: Almedina, 2000, p. 256). Já Torsten Stein, discorrendo sobre o tema no direito alemão, define a segurança jurídica como princípio constitucional não escrito: "A segurança jurídica como tal é um princípio constitucional não escrito, derivado do princípio do Estado de Direito" (STEIN, Torsten. *A segurança jurídica na ordem legal da República Federal da Alemanha*. São Paulo: Fundação Konrad Adenauer, 2000. [Cadernos Adenauer, 3] p. 94). Para Carlos Alberto Alvaro de Oliveira, "A segurança liga-se à própria noção de Estado Democrático de Direito, erigida como princípio fundamental da Constituição da República (art. 1º, *caput*), de modo a garantir o cidadão contra o arbítrio estatal, tendo presente a salvaguarda de elementos fundantes da sociedade realmente democrática, como o princípio democrático, o da justiça, o da igualdade, da divisão de poderes e da legalidade." (ALVARO DE OLIVEIRA, Carlos Alberto. *Do formalismo no processo civil*. 3. ed. no prelo). Em visão mais extremada, J. Flóscolo da Nóbrega afirmou: "A segurança é necessidade fundamental da vida humana, necessidade das mais urgentes e primitivas e que resulta da própria condição do homem, como ser dos mais fracos e desprotegidos. [...] O direito é a técnica da segurança, o que não significa que não tenha por finalidade a justiça. A justiça, porém, está muito acima das possibilidades humanas, é valor tão alto e inatingível como a estrela polar. E como os homens, na impossibilidade de dispor das estrelas, tiveram de substituí-las por bússola, assim tiveram de contentar-se com a segurança, como sucedâneo da justiça. A segurança é o fim imediato, a missão prática do direito. É também um valor, como a justiça, embora um valor de segundo grau. É valor fundante em relação à justiça, que é valor fundado, o que quer dizer que a segurança é condição necessária para realização de justiça. [...] onde não há segurança não há justiça, não há direito sob qualquer forma." (NÓBREGA, J. Flóscolo da. *Introdução ao direito*. 2. ed. Rio de Janeiro: José Konfino, 1962, p. 80-81)

[3] STEIN, ob. cit, p. 94-95.

[4] Ibidem., p. 100.

rança jurídica requer que o cidadão confie na subsistência das leis"[5] – e com a proibição de retroatividade – pois "afeta-se a confiança se ocorrerem modificações retroativas da lei, isto é, quando fatos situados no passado podem ser objeto de novas avaliações".[6] Já em França, afirma Bertrand Mathieu que a segurança jurídica é um "produto de importação" do direito alemão, cuja crescente importância decorre também do desenvolvimento do direito comunitário europeu.[7] Seguindo a influência alemã, a questão é também, aqui, posta de forma semelhante, associando-se a segurança jurídica às exigências de qualidade da lei e previsibilidade do direito. E, dentro destas duas facetas da segurança jurídica, inserem-se os princípios da clareza, acessibilidade, eficácia e efetividade da lei (associados à qualidade da lei), assim como os princípios da não-retroatividade, da proteção dos direitos adquiridos, da confiança legítima e da estabilidade das relações contratuais (associados à previsibilidade do direito).[8]

Não apenas a lei, como também a jurisprudência, deve ser clara e previsível, sendo ameaçadoras da segurança jurídica as decisões exóticas ou surpreendentes, em especial quando trouxerem questões novas que não foram debatidas com as partes.[9] Como ressalta com acerto Donaldo Armelin, "a segurança jurídica constitui um elemento fundamental para a sociedade organizada, um fator básico para a paz social, o que implica estabilidade de situações pretéritas e na previsibilidade de situações futuras. No plano da atuação jurisprudencial, a previsibilidade das decisões judiciais insere-se para o usuário da jurisdição como um fator de segurança que o autoriza a optar por um litígio ou por uma conciliação. É fundamental que quem busque a tutela

---

[5] STEIN, ob. cit, p. 105.

[6] Ibidem., p. 106.

[7] *Annuaire International de Justice Constitutionnelle*, XV, 1999. Paris: Econômica, 2000, p. 155.

[8] Ibidem., p. 157. Para uma análise mais completa dos relatórios dos representantes de diversos países no encontro realizado em Aix-en-Provence (França) para discutir o tema "Constituição e Segurança Jurídica", e que deu origem ao citado anuário, veja-se THEODORO JÚNIOR, Humberto. A onda reformista do direito positivo e suas implicações com o princípio da segurança. *Revista Magister: Direito civil e Processual Civil*, Brasília, DF, v. 2, n. 11, p. 5-32, mar./abr. 2006.

[9] "Entre nós, mostra-se importante atentar ainda para a aplicação do direito: não só a norma jurídica deve ser formulada clara, acessível e previsivelmente, mas também previsível deve ser o resultado do litígio, sem causa estranheza no meio social onde deve atuar. As soluções exóticas, com clara afronta ao sistema, além de surpreender, deslegitimam o Poder Judiciário perante a sociedade civil." (ALVARO DE OLIVEIRA, Carlos Alberto. *Do formalismo no processo civil*. 3. ed. no prelo).

jurisdicional tenha um mínimo de previsibilidade a respeito do resultado que advirá de sua postulação perante o Judiciário".[10] A questão transcende rapidamente o campo do processo e do próprio direito, passando a constituir verdadeiro pressuposto do desenvolvimento social e econômico de um país.[11]

Ora, se a subsistência e a continuidade das leis são importantes para a preservação e promoção do valor *segurança,* é fácil ver como constantes reformas processuais podem afetar esse objetivo maior, ao promover constantes mudanças nas "regras do jogo".

Evidentemente, não se trata, aqui, de patrocinar um discurso pelo imobilismo, pelo engessamento de um sistema processual antiquado. Sem dúvida, a *efetividade* do processo é também um valor a perseguir, e constitui ao mesmo tempo estandarte e objetivo da reforma processual. Todavia, é preciso reconhecer que a efetividade não é o *único* valor a perseguir, sendo fundamental atentar-se, também, para a segurança.[12] Além da subsistência e continuidade das leis, vimos que a estabilidade de situações pretéritas, o princípio da não-retroatividade e a proteção dos direitos adquiridos compõem o feixe da segurança jurídica e, assim, devem ser ponderados com o valor efetividade e tudo que este significa também (celeridade, preferência pela tutela específica, economia processual, aproveitamento dos atos processuais etc.).

É com essas reflexões preliminares que pretendemos enfrentar, neste trabalho, o tormentoso tema da aplicação da nova lei processual aos processos em curso. Claramente, não é a segunda parte do

---

[10] ARMELIN, Donaldo. *Observância à coisa julgada e enriquecimento ilícito: postura ética e jurídica dos magistrados e advogados.* Brasília, DF: Conselho de Justiça Federal, Centro de Estudos, 2003. (Cadernos do CEJ, 23), p. 292.

[11] "Assim, sociólogos como RAYMOND ARON, instituições internacionais, como o Banco Mundial, e economistas vinculados ao nosso BNDES, como era o Professor ARMANDO CASTELAR PINHEIRO, convergem em suas opiniões quanto à necessidade de considerar a estabilidade e a segurança jurídica como pressuposto do desenvolvimento." (WALD, Arnoldo. Eficiência Judiciária e Segurança Jurídica: a racionalização da legislação brasileira e reforma do Poder Judiciário. *In* MACHADO, Fábio Cardoso; MACHADO, Rafael Bicca (Coord.). *A Reforma do Poder Judiciário.* São Paulo: Quartier Latin, 2006, p. 51).

[12] ALVARO DE OLIVEIRA, Carlos Alberto (Org.). O processo civil na perspectiva dos direitos fundamentais. In *Processo e constituição.* Rio de Janeiro: Forense, 2004, p. 15. Reconhecendo também o conflito entre efetividade e segurança, porém classificando-os como postulados, afirma José Rogério Cruz e Tucci: "Não se pode olvidar, nesse particular, a existência de dois postulados que, em princípio, são opostos: o da segurança jurídica, exigindo um lapso temporal razoável para a tramitação do processo, e o da efetividade do mesmo, reclamando que o momento da decisão final não se procrastine mais do que o necessário." (TUCCI, José Rogério Cruz e. Garantia da prestação jurisdicional sem dilações indevidas como corolário do devido processo legal. *Revista de Processo*, São Paulo, v. 17, n. 66, p. 72-78, abr./jun. 1992, p. 73).

artigo 1.211 do CPC[13] – única norma de direito intertemporal presente no Código de 1973[14] – suficiente para responder às diversas indagações que hoje se fazem. Aplica-se a sistemática de cumprimento da sentença prevista no art. 475-J aos processos de execução em curso? E às sentenças que transitaram em julgado sob a égide da lei antiga e não foram executadas? A execução embargada na lei antiga pode prosseguir com a inversão dos mecanismos expropriatórios prevista na Lei 11.382/06? Pode ser retirado efeito suspensivo concedido a embargos do devedor ajuizados pela lei antiga? Essas e outras perguntas deverão ser enfrentadas no presente estudo, e as soluções apresentadas submetidas à crítica do leitor.

---

[13] Art. 1.211. Este Código regerá o processo civil em todo o território brasileiro. Ao entrar em vigor, suas disposições aplicar-se-ão desde logo aos processos pendentes.

[14] Galeno Lacerda abre sua clássica obra sobre direito intertemporal e processo afirmando: "O novo Código de Processo Civil Brasileiro mostra-se muito conciso em matéria de direito transitório. Limita-se a reproduzir, no art. 1.211, o velho preceito, cuja origem remonta à Ordenança francesa de 1363, de que a lei nova se aplica desde logo aos processos pendentes. O silêncio do legislador nesta difícil matéria certamente haverá de provocar graves dificuldades na prática, para juízes e advogados, tão grandes e profundas se apresentam as modificações que a nova lei impõe ao procedimento." (LACERDA, Galeno. *O Novo Direito Processual Civil e os Feitos Pendentes*. Rio de Janeiro: Forense, 2006. 2ª edição, p.1. A primeira edição da referida obra foi publicada pela Editora Forense no ano de 1974).

Estudos de Direito Intertemporal e Processo

2. Direito intertemporal constitucional: a lei não retroagirá para atingir direito adquirido, ato jurídico perfeito e coisa julgada

A Constituição Federal traz, em nosso sentir, a principal regra a ser observada em matéria de direito intertemporal. Trata-se do artigo 5º, inciso XXXVI, que dispõe: "a lei não prejudicará o direito adquirido, o ato jurídico perfeito e a coisa julgada". Se a lei não pode *prejudicar*, não pode também *retroagir para prejudicar*.[15] A partir deste mandamento geral contido na Constituição Federal, podemos construir as bases para uma teoria do direito intertemporal.

2.1. Direito adquirido e direito adquirido processual

A relação entre o tema em análise e o conceito de direito adquirido é tão íntima que, no passado, se chegou a chamar de Teoria dos Direitos Adquiridos o que hoje conhecemos por Direito Intertemporal.[16] Autorizada doutrina qualifica de *adquirido* "o direito que se constituiu regular e definitivamente e a cujo respeito se completaram os requisitos legais e de fato para se integrar no patrimônio do respectivo titular, quer tenha sido feito valer, quer não, antes de advir norma posterior em contrário".[17]

---

[15] A Lei de Introdução ao Código Civil (Decreto-lei nº. 4.657, de 4 de setembro de 1942) é ainda mais clara, ao dispor especificamente sobre direito intertemporal, estabelecendo, em seu artigo 6º, *caput*, que "a Lei em vigor terá efeito imediato e geral, respeitados o ato jurídico perfeito, o direito adquirido e a coisa julgada" (conforme a redação dada pela Lei 3.238, de 01.08.1957).

[16] MAXIMILIANO, Carlos. *Direito Intertemporal ou Teoria da Retroatividade das Leis.* São Paulo: Saraiva, 1946, p. 8.

[17] MAXIMILIANO, Carlos. *Direito Intertemporal ou Teoria da Retroatividade das Leis.* São Paulo: Saraiva, 1946, p. 43. O conceito de Maximiliano destoa daquele encampado por Limongi França. Este, com base no conceito de Gabba, estabelece que o direito adquirido necessariamente

A própria Lei de Introdução ao Código Civil também define de forma semelhante *direitos adquiridos*, ao estabelecer que "consideram-se adquiridos assim os direitos que o seu titular, ou alguém por êle, possa exercer, como aquêles cujo começo do exercício tenha têrmo préfixo, ou condição pré-estabelecida inalterável, a arbítrio de outrem."

Dos conceitos em análise depreende-se que o direito adquirido é não só aquele que tenha sido exercido ou "feito valer" sob a égide da lei anterior, como também aquele ainda não exercido, porém incorporado à esfera jurídica de seu titular em função do preenchimento dos requisitos para a sua aquisição ou reconhecimento.

Como observa percucientemente Galeno Lacerda, em se tratando de direito processual, é possível falarmos em *direitos adquiridos processuais*.[18] A própria lei processual prevê que os atos das partes "produzem imediatamente a constituição, a modificação ou a extinção de direitos processuais" (CPC, art. 158). Essa constatação parte da visão do processo como uma entidade complexa,[19] consistente numa série de atos concatenados em direção à prestação da tutela jurisdicional. À medida que vão sendo praticados os atos processuais pelas partes, pelo juiz ou mesmo por terceiros que participem do processo, diferentes situações jurídicas vão surgindo e, com elas, novas posições jurídicas são assumidas pelas partes que, com isso, adquirem direitos à prática de novos atos processuais, num caminhar constante rumo à tutela jurisdicional definitiva.

não se fez valer antes da vigência da lei nova. Para Limongi França, direito adquirido "é a conseqüência de uma lei, por via direta ou intermédio de fato idôneo; conseqüência que, tendo passado a integrar o patrimônio material ou moral do sujeito, não se fez valer antes da vigência da lei nova sobre o mesmo objeto." (LIMONGI FRANÇA, R. Direito Intertemporal Brasileiro – Doutrina da Irretroatividade das Leis e do Direito Adquirido. 2ª ed. São Paulo: Revista dos Tribunais, 1968, p. 432)

[18] LACERDA, Ob. cit, p. 3. A existência de direitos adquiridos processuais já havia sido admitida, antes, por Carlos Maximiliano (Ob. cit, p. 267). Foi também, posteriormente, admitida por PONTES DE MIRANDA (PONTES DE MIRANDA, Francisco Cavalcanti. *Comentários ao Código de Processo Civil*. Rio de Janeiro: Forense, 1978. T. XVII, p. 40 e seguintes). Sobre o tema, veja-se ainda recente artigo de Geovany Jeveaux, publicado na Revista de Processo n°. 136, v. 31, junho/2006, p. 81-103, intitulado "Direito Adquirido Processual", que contém análise da evolução histórica tanto do conceito de direito adquirido como do direito intertemporal processual.

[19] "Como método de trabalho, processo é uma *série de atos interligados e coordenados ao objetivo de produzir a tutela jurisdicional justa, a serem realizados no exercício de poderes ou faculdades ou em cumprimento a deferes ou ônus*" (DINAMARCO, Cândido Rangel. *Instituições de direito processual civil*. 4. ed. São Paulo: Malheiros, 2004. v. 2). Essa noção em nada prejudica a concepção defendida por Fazzalari, do processo como *procedimento em contraditório*. (FAZZALARI, Elio. Instituizoni di diritto processuale. Padova: Cedam, 1975, p. 29).

Estudos de Direito Intertemporal e Processo

Podem-se exemplificar as afirmações anteriores com um simples exemplo. Ao decidir em audiência de instrução e julgamento pela substituição dos debates orais por memoriais escritos, nasce o direito das partes à prática de tal ato processual, e eventual lei posterior que elimine a figura do memorial escrito, ainda que entre em vigor na pendência do prazo para apresentação da referida peça processual, não atinge o *direito adquirido* à sua apresentação. Recebidos os memoriais e proferida a sentença, nasce o direito adquirido à interposição de recurso de apelação para a(s) parte(s) sucumbente(s). Entrando em vigor lei restringindo o cabimento de tal recurso a determinadas hipóteses (como ocorreu, por exemplo, com a Lei 11.276/05, que trata da súmula impeditiva de recurso),[20] esta não interferirá no *direito adquirido* ao recurso de apelação na forma da lei antiga.[21]

Podemos, assim, enunciar uma primeira regra de direito intertemporal processual: *a lei processual nova não retroagirá para atingir direito processual adquirido nos termos da lei revogada.*

2.2. Ato jurídico perfeito e *ato processual consumado*

A definição contida na Lei de Introdução ao Código de Processo Civil[22] é adequada para iniciarmos a análise pretendida. Estabelece aquele diploma que "reputa-se ato jurídico perfeito o já consumado segundo a lei vigente ao tempo em que se efetuou".

A expressão "segundo a lei vigente" pode levar ao entendimento de que o ato jurídico perfeito só será assim reputado se contiver todos os pressupostos que a lei exigia para que tivesse ele validade e eficácia. Assim, a citação que não obedecesse aos requisitos legais para a sua validade (ex. citação por correio quando a lei exigisse citação por

---

[20] A Lei 11.276/06 acresceu novo parágrafo ao artigo 518 do CPC (§1º), estabelecendo que "O juiz não receberá o recurso de apelação quando a sentença estiver em conformidade com súmula do Superior Tribunal de Justiça ou do Supremo Tribunal Federal."

[21] Nesse sentido, aliás, é o entendimento do STJ: "Segundo as regras de direito intertemporal que disciplinam o sistema jurídico brasileiro no concernente à aplicação da lei no tempo, as inovações legislativas de caráter estritamente processual, como é a Lei 10.628/2002, devem ser aplicadas, de imediato, inclusive nos processos já em curso. Tal regra não conflita, todavia, com outra regra básica de natureza procedimental, segundo a qual o recurso próprio é o existente à época em que publicada a sentença. Assim, mantém-se o procedimento recursal então adotado, inclusive em relação à competência para julgamento do apelo, salvo se suprimido o tribunal para o qual for endereçado. Resguarda-se, com isso, os atos praticados sob a legislação revogada, prestigiando o princípio do direito adquirido. ()". (PET 2761/MG, Rel. Ministro TEORI ALBINO ZAVASCKI, PRIMEIRA TURMA, julgado em 03.02.2005, DJ 28.02.2005 p. 185)

[22] Em seu artigo 6º, § 1º (parágrafo este incluído pela Lei nº 3.238, de 1º.8.1957).

oficial de justiça) não poderia ser considerada ato jurídico perfeito. Essa noção de ato jurídico perfeito transita com tranqüilidade na doutrina e na jurisprudência.[23] Não tem ela, todavia, a amplitude necessária em se tratando da proteção conferida pelo direito intertemporal.

A idéia de *ato consumado*[24] sob o império da lei vigente na época em que se consumou é muito mais precisa, pois permite-nos *afastarmos* a aplicação da lei nova *(i)* para *invalidarmos* ato validamente praticado na vigência da lei antiga (na hipótese de a lei nova trazer-lhe novos pressupostos de validade, antes inexistentes e ausentes na prática do ato em questão) e *(ii)* para *convalidarmos* ato consumado sem algum dos requisitos exigidos pela lei vigente à época da consumação.

Se a proteção da irretroatividade da lei processual nova fosse apenas para não atingir atos *validamente praticados* pela lei antiga, então o caminho estaria aberto para atingirmos aqueles atos praticados sem as exigências legais previstas na lei antiga, validando-os com a entrada em vigor da lei nova, caso esta retirasse as exigências que antes impediam o reconhecimento da validade do ato.

Um simples exemplo é capaz de ilustrar a extensão do conceito de *ato consumado*, maior do que aquela normalmente atribuída ao *ato jurídico perfeito*. Exigia a redação anterior à Lei 11.382/06 que o devedor, na execução de título extrajudicial, fosse intimado da penhora *pessoalmente* (art. 669, CPC). Suponhamos que a intimação tivesse ocorrido na pessoa do *advogado*. Tudo antes da entrada em vigor da Lei 11.382/06. Inegavelmente, não haveria como se reconhecer a validade da intimação nos termos da lei antiga, pois a intimação não teria ocorrido segundo os ditames de tal diploma e, assim, não constituiria, segundo o conceito corrente, *ato jurídico perfeito*. Não obstante, o ato intimatório, mesmo na pessoa do advogado, *consumou-se*. Entrando em vigor a Lei 11.382/06, passou-se a estabelecer como regra que a intimação da penhora dar-se-á na pessoa do advogado, salvo se não tiver ainda sido constituído pelo devedor, hipótese em que este deverá

---

[23] Veja-se, por exemplo, a lição de Maria Helena Diniz: "O ato jurídico perfeito é o já consumado, segundo a norma vigente, ao tempo em que se efetuou, produzindo seus efeitos jurídicos, uma vez que o direito gerado foi exercido". (DINIZ, Maria Helena. *Lei de Introdução ao Código de Processo Civil Interpretada*. São Paulo: Saraiva, 1994).

[24] Gabriel Rezende Filho, ao tratar de direito intertemporal, valia-se dessa expressão em vez de ato jurídico perfeito, ao afirmar: "Aplica-se a lei nova a tais processos [processos pendentes], respeitados, naturalmente, os *atos consumados* e seus *efeitos* no regime da lei anterior". (grifos no original) (REZENDE FILHO, Gabriel José Rodrigues de. *Curso de Direito Processual Civil*. São Paulo: Saraiva, 1965. V. I, p. 20).

Estudos de Direito Intertemporal e Processo

ser intimado. Não encontrado, poderá o juiz, inclusive, dispensar a intimação (art. 652, §§ 4° e 5°).

Perceba-se que, fosse a proteção contra a retroatividade da lei antiga apenas para o ato jurídico perfeito, então o *ato* meramente *consumado* da intimação do advogado poderia ser "convalidado" pela aplicação da lei nova. Fácil ver a inadequação da solução, capaz de gerar toda a sorte de insegurança jurídica no processo. Daí por que conclui-se, facilmente, que o ato jurídico *consumado* sob a égide da lei antiga não pode ser invalidado e nem convalidado pela lei nova.

Exsurge, assim, uma segunda regra de direito intertemporal processual: *a lei processual nova não retroagirá para invalidar ou convalidar ato processual consumado no império da lei revogada.*

2.2.1. O sistema de isolamento dos atos processuais

Muito embora reconheçamos no processo uma entidade complexa, na qual os atos que se sucedem se inter-relacionam, tal visão não impede a aplicação da teoria dominante na doutrina de direito intertemporal processual, que é a do *sistema de isolamento dos atos processuais*. Segundo esse sistema, "a lei nova, encontrando um processo em desenvolvimento, respeita a eficácia dos atos processuais já realizados e disciplina o processo a partir da sua vigência. Por outras palavras, a lei nova respeita os atos processuais realizados, bem como os seus efeitos, e se aplica aos que houverem de realizar-se".[25]

De uma forma geral, a doutrina reconhece esse sistema como o mais adequado para a resolução de problemas de aplicação da lei processual no tempo. Todavia, é preciso tomar com cuidado a expressão *isolamento*, pois nem todos os atos que "houverem de realizar-se", na dicção de Moacyr Amaral Santos antes reproduzida, terão aplicação da lei nova.

---

[25] AMARAL SANTOS, Moacyr. *Primeiras Linhas de Direito Processual Civil*. São Paulo: Saraiva, 2004. 23ª edição. V. 1, p. 32. Recentemente, manifestou-se nesse sentido Luiz Rodrigues Wambier: "Nosso sistema processual adotou, para transição temporal de leis, o que a doutrina costuma definir por critério de *isolamento dos atos processuais*. Em termos mais palatáveis, isso quer dizer que a lei nova não atinge os atos processuais já praticados, nem tampouco seus efeitos. Já os atos ainda por praticar, serão regulados pela Lei nova. Esse critério é encapado pelo art. 2° do CPP (*a lei processual penal aplicar-se-á desde logo, sem prejuízo da validade dos atos realizados sob a vigência da lei anterior*), cujo teor, para alguns, expressaria princípio geral de direito processual intertemporal e, também, pelo art. 1.211 do CPC (...)." (WAMBIER, Luiz Rodrigues. *A Lei 11.232/2005, o direito intertemporal e a execução coletiva* (Parecer). Revista de Processo n° 145, Mar/2007, p. 353-354).

Ocorre que o isolamento dos atos processuais não é pleno. Se é de se reconhecer também os *efeitos* dos atos praticados sob a égide da lei antiga, quando tais efeitos implicarem, por exemplo, *direito adquirido* a ser exercido na vigência da lei nova, esta não poderá atingi-lo, naturalmente. Quando houver um nexo causal imediato entre o ato praticado sob a égide da lei anterior e o ato a ser praticado sob a égide da lei nova, aquele não poderá ser rompido com a aplicação desta última.

Em matéria de direito recursal, os exemplos são ricos. Imaginemos que, antes da entrada em vigor da Lei 10.352/01,[26] tivesse sido proferido acórdão em sede de apelação, por maioria, *mantendo* sentença de primeiro grau. Nasce, ali, o direito adquirido à interposição de embargos infringentes.[27] Pouco importa que, quando da interposição do recurso, já esteja em vigor a Lei 10.352/01 e a nova redação do art. 530, que não admite embargos infringentes contra acórdão que mantém a sentença de primeiro grau. Não há como se isolar o ato já praticado (acórdão) do ato a praticar (recurso), tendo a parte direito adquirido a este, a partir daquele. Há uma relação, um nexo causal imediato entre o acórdão proferido e o ato de recorrer que não é rompido pela entrada em vigor da lei nova, pois um dos *efeitos* do ato de proferir o acórdão é o de gerar *direito adquirido* ao recurso de embargos infringentes.

---

[26] A referida lei modificou a redação do artigo 530 do CPC, reduzindo as hipóteses de cabimento dos embargos infringentes. Antes, caberiam do julgado não unânime proferido em apelação ou ação rescisória. Agora, cabem apenas "quando o acórdão não unânime houver reformado, em grau de apelação, a sentença de mérito, ou houver julgado procedente ação rescisória".

[27] Tereza Arruda Alvim Wambier compartilha deste entendimento em matéria recursal, ao afirmar: "Na esfera dos recursos, parece que realmente essa *aplicação imediata* não pode significar senão que o novo regime seja aplicável aos casos em que a decisão se tenha tornado recorrível já na vigência da nova lei. Assim, se a lei nova passa a vigorar, tendo sido já prolatada a decisão, ainda em curso o prazo para interposição do recurso, este deve ser interposto no *antigo regime*. O recurso segue o regime da lei vigente à época da prolação da decisão." (grifos no original) Repete a autora a lição de Roubier: "a lei do recurso é a lei do dia da sentença". (WAMBIER, Teresa Arruda Alvim. *Os agravos no CPC brasileiro*. 3ª edição revista, atualizada e ampliada. São Paulo: Revista dos Tribunais, 2000, p. 487-488). Veja-se, também nesse sentido, a seguinte ementa oriunda da Segunda Turma do STJ: "EMBARGOS DE DECLARAÇÃO. PROCESSUAL CIVIL. DIREITO INTERTEMPORAL. LEI APLICÁVEL. EMBARGOS INFRINGENTES OPOSTOS ANTES DA VIGÊNCIA DA LEI N. 10.352/01. NÃO-INCIDÊNCIA DA NOVA REDAÇÃO DO ART. 530 DO CPC. 1. O cabimento de embargos infringentes regula-se pela lei vigente à época em que proferido o acórdão. 2. A nova redação do art. 530 do CPC, dada pela Lei n. 10.352/01, não se aplica aos casos em que o acórdão é anterior à sua vigência. 3. Embargos de declaração rejeitados". (EDcl no REsp 443.022/CE, Rel. Ministro JOÃO OTÁVIO DE NORONHA, SEGUNDA TURMA, julgado em 07.11.2006, DJ 04.12.2006 p. 275)

Estudos de Direito Intertemporal e Processo

Imaginemos, no entanto, que sob a égide da lei anterior tivesse sido proferida sentença, sendo interposta apelação já na vigência da Lei 10.352/01. Sobrevindo acórdão que, por maioria, confirma a sentença, não se pode advogar por semelhante solução. Não serão cabíveis embargos infringentes. Por quê? Embora haja evidente interdependência de atos processuais (a sentença gera o direito a recorrer através de recurso de apelação, que exercido gera o acórdão, que proferido gera o direito a recorrer deste acórdão), é fácil ver que não há nexo imediato, mas apenas *mediato*, entre a sentença, e mesmo entre a própria interposição da apelação, e o recurso cabível contra o acórdão. O acórdão se interpõe, se coloca entre o recurso de apelação e o momento de eleger o recurso cabível contra o próprio acórdão, de forma que se afasta o nexo *imediato* entre os pólos, permitindo-se a aplicação da lei nova.

É claro que o nexo existente entre um ato praticado pela lei anterior e o ato a ser praticado pela lei nova pode ser tal que todo o restante do desdobramento do processo deverá continuar pela sistemática da lei antiga. Tal se dá pela incompatibilidade da lei nova com o ato a ser praticado na forma da lei antiga. Assim ocorreu, por exemplo, com as ações acidentárias, cujos processos com sentenças proferidas antes da Emenda Constitucional nº 45, acabaram tendo todos os seus atos subseqüentes praticados perante a Justiça Estadual.[28] O mesmo ocorrerá, como veremos, quando o ajuizamento de processo de execução autônomo se der pela lei antiga, tornando incompatível a sistemática de cumprimento prevista na Lei 11.232/05 para todos os atos subseqüentes.

Logo, o *sistema de isolamento dos atos processuais* deve ser interpretado com este temperamento, fazendo surgir uma terceira regra de direito intertemporal, segundo a qual *a lei processual nova deve respeitar os atos processuais já realizados, bem como os seus efeitos, aplicando-se aos que houverem de realizar-se, salvo se estes, ainda que não tenham sido praticados, possuam nexo imediato e inafastável com ato praticado sob a égide da lei antiga ou com os efeitos deste, determinando que devam ser praticados, também, na forma da lei antiga.*

---

[28] Veja-se, a este respeito, o que escrevemos na Parte III desta obra.

2.3. Coisa julgada

Como ensinou Liebman, contrariando doutrina dominante à sua época, "a autoridade da coisa julgada não é efeito da sentença, como postula a doutrina unânime, mas, sim, modo de manifestar-se e produzir-se dos efeitos da própria sentença, algo que a esses efeitos se ajunta para qualificá-los e reforçá-los em sentido bem determinado".[29] A autoridade da coisa julgada, noutras palavras, é definida como "a imutabilidade do *comando* emergente de uma sentença".[30]

Essa idéia acabou por conquistar a doutrina brasileira, sendo dominante entre nós.[31]

A proteção da coisa julgada em face da lei nova está umbilicalmente ligada à idéia de segurança jurídica.[32] Trata-se, aqui, de preservar a estabilidade das situações jurídicas e, especialmente, aquelas definidas pela atividade jurisdicional definitiva. Assim, a sentença que decidiu a questão posta com base na lei vigente à época de sua prolação não pode ser afetada pela mudança da mesma lei, ainda que tal mudança, se aplicável, invertesse o resultado do julgamento.

Assim, pode-se firmar uma quarta regra de direito intertemporal: *a lei processual nova não retroagirá para atingir a coisa julgada material adquirida pela lei anterior.*

---

[29] LIEBMAN, Enrico Tullio. *Eficácia e Autoridade da Sentença.* 2ª ed. Rio de Janeiro: Forense, 1981, p. 40.

[30] Idem, p. 54.

[31] Nesse sentido, TESHEINER, José Maria Rosa. *Eficácia da Sentença e Coisa Julgada no Processo Civil.* São Paulo: Revista dos Tribunais, 2001, p. 72.

[32] Cândido Rangel Dinamarco, inclusive, afirma que a coisa julgada é "caracterizada como um *estado de segurança jurídica* quanto às relações entre os que litigaram no processo". (DINAMARCO, Cândido Rangel. *Instituições de direito processual civil.* 4. ed. São Paulo: Malheiros, 2004. v. 3, p. 303)

3. Conclusão parcial

Chegamos, assim, na formulação de quatro regras básicas de direito intertemporal processual, que vão assim enunciadas:

1ª Regra – A lei processual nova não retroagirá para atingir direito processual adquirido nos termos da lei revogada

2ª Regra – A lei processual nova não retroagirá para invalidar ou convalidar ato processual consumado no império da lei revogada.

3ª Regra – A lei processual nova deve respeitar os atos processuais já realizados, bem como os seus efeitos, aplicando-se aos que houverem de realizar-se, salvo se estes, ainda que não tenham sido praticados, possuam nexo imediato e inafastável com ato praticado sob a égide da lei antiga ou com os efeitos deste, determinando que devam ser praticados, também, na forma da lei antiga.

4ª Regra – A lei processual nova não retroagirá para atingir a coisa julgada material adquirida pela lei anterior.

Tratemos, agora, de aplicar tal regramento para a solução do problema inicial: como se dá a aplicação da nova sistemática executiva (Leis 11.232/05 e 11.382/06) aos processos em curso?

4. Cumprimento e execução da sentença e a Lei 11.232/05

A Lei 11.232/05, que entrou em vigor em 23 de junho de 2006, promoveu importante ruptura com a sistemática anteriormente vigente, na qual se previa um processo autônomo de execução para as sentenças que condenassem o devedor ao pagamento de quantia. Previu-se um processo sincrético, onde a sentença na *fase* de conhecimento não passa de uma etapa do processo, que deve se desdobrar em eventual *fase* de liquidação (se necessário for) e culminar nas *fases* de cumprimento e execução.[33]

A liquidação de sentença, quando for necessária, poderá ser requerida na pendência de recurso, ainda que com efeito suspensivo (art. 475-A, § 2º).[34] Na fase de liquidação, a decisão passa a ser recorrível através de agravo de instrumento, e não mais apelação (art. 475-H). Com o trânsito em julgado da sentença condenatória, e independentemente de qualquer requerimento do credor ou intimação do devedor,[35] inicia-se a contagem do prazo de 15 dias para *cumprimento*

---

[33] Como destacamos *in* ALVARO DE OLIVEIRA, Carlos Alberto (Coord.). *A Nova Execução: comentários à Lei 11.232, de 22 de dezembro de 2005*. Rio de Janeiro: Forense, 2006, p. 110.

[34] É o que corretamente conclui Daisson Flach, *in* ALVARO DE OLIVEIRA, Carlos Alberto (Coord.). *A Nova Execução*. Ob. cit, p. 48-49.

[35] É o que sustenta ALVARO DE OLIVEIRA, Carlos Alberto (Coord.). *A Nova Execução*. Ob. cit, p. 110-114. Também assim nos posicionamos em artigo publicado no *site* , intitulado "Sobre a *desnecessidade* de intimação pessoal do réu para o cumprimento da sentença, no caso do art. 475-J do CPC". Nosso posicionamento foi expressamente acolhido por decisões do Tribunal de Justiça do Estado do Rio Grande do Sul (Agravo de Instrumento nº 70018090605, Agravo Interno nº. 70018241653). É de se ressaltar, todavia, a existência de doutrina contrária, com destaque para o entendimento de Teresa Arruda Alvim Wambier, Luiz Rodrigues Wambier e José Miguel Garcia Medina, em artigo intitulado *Sobre a necessidade de intimação pessoal do réu para o cumprimento da sentença, no caso do art. 475-J do CPC*. (Disponível em: www.tex.pro.br. Acesso em: 16 jun. 2006), no sentido da necessidade de intimação pessoal do devedor para cumprir voluntariamente a sentença. O entendimento também encontra amparo na jurisprudência do Tribunal de Justiça do Estado do Rio Grande do Sul (Agravo de Instrumento nº 70018016196).

Estudos de Direito Intertemporal e Processo

voluntário da sentença, sob pena de multa de 10% (art. 475-J). Ao fim do interregno, cabe ao credor requerer a *execução* da sentença, acostando memória discriminada e atualizada do cálculo (art. 475-J).[36] Restou extinta a nomeação de bens à penhora como um direito do devedor, tendo o credor a faculdade de indicar, já no requerimento executivo, os bens sobre os quais pretende que recaia a constrição (art. 475-J, § 3º). Não cabem mais embargos do devedor, mas, sim, *impugnação*, esta, *de regra*, sem efeito suspensivo (art. 475-J, § 1º e 475-M). Ainda que concedido efeito suspensivo, poderá o credor prosseguir na execução, prestando caução (art. 475-M, § 1º). Na execução provisória, permitiu-se a dispensa de caução pelo credor quando pendente apenas agravo de instrumento contra negativa de seguimento de recurso extraordinário ou especial (art. 475-O, § 2º, inciso II). Eliminou-se a carta de sentença, bastando ao credor instruir o requerimento de execução provisória com cópias do processo (art. 475-O, § 3º). Permitiu-se, ainda, que o credor proponha a execução no "juízo do local onde se encontram bens sujeitos à expropriação ou pelo do atual domicílio do executado" (art. 475-P, parágrafo único), fugindo-se da regra geral de que o juiz que profere a sentença deverá sempre executá-la.

Listadas algumas das principais modificações trazidas pela Lei 11.232/05, cumpre avaliar a fase em que o processo pendente se encontrava quando da sua entrada em vigor (23 de junho de 2006) para, então, verificar a aplicabilidade da nova sistemática. Alguns cenários podem servir de teste para a aplicação das regras de direito intertemporal antes propostas.

4.1. Sentença proferida em primeiro grau de jurisdição, pendente de apelação com efeito suspensivo

Neste cenário, não se consumou a possibilidade de execução provisória ou definitiva. Quando se consumar tal possibilidade, estar-se-á sob o império da Lei 11.232/05. Aplica-se, portanto, à integralidade, a nova sistemática ao cumprimento e execução de sentença.

Noutro extremo, sustenta Athos Gusmão Carneiro que, antes mesmo do trânsito em julgado, já se pode iniciar a contagem para cumprimento voluntário, desde que passível de execução, ainda que provisória, o julgado (ou seja, desde que pendente recurso sem efeito suspensivo ou a sua interposição) (CARNEIRO, Athos Gusmão. *Cumprimento da Sentença Civil*. Rio de Janeiro: Forense, 2007, p. 53). No mesmo sentido, Luiz Guilherme Marinoni e Sérgio Cruz Arenhart (*Curso de Processo Civil*. São Paulo: Revista dos Tribunais, 2007. V. 3, p. 238).

[36] ALVARO DE OLIVEIRA, Carlos Alberto (Coord.). *A Nova Execução*. Ob. cit., p. 126.

Aplica-se imediatamente, também, o artigo 475-A, § 2º, o qual prevê a possibilidade de liquidação na pendência de recurso. Nenhum ato consumado ou direito adquirido na lei anterior é violado por conta da aplicação imediata da citada regra processual.

4.2. Sentença proferida em primeiro grau de jurisdição, pendente de apelação sem efeito suspensivo, ou acórdão proferido em segundo grau de jurisdição, pendente de interposição de recurso(s) sem efeito suspensivo ou pendente da solução deste(s). Execução provisória não iniciada

Entrando em vigor a Lei 11.232/05 neste segundo cenário, mostra-se possível a sua imediata aplicação. É claro que, tivéssemos o mesmo entendimento de Athos Gusmão Carneiro acerca do início do prazo de 15 dias para cumprimento voluntário (vide item 4, supra, nota de rodapé), teríamos de ressalvar que a lei nova não se aplicaria para considerar iniciado tal prazo antes da sua entrada em vigor, não podendo se considerar hábil à instauração do prazo para cumprimento ato que, à época em que se consumou, não tinha este efeito.

Diante disso, poderá o autor requerer a intimação do réu (na pessoa de seu advogado) para, em 15 dias, pagar, sob pena de multa de 10%.[37] Não havendo o pagamento, cumprirá ao credor requerer a execução provisória, na forma do artigo 475-J do CPC.

---

[37] Como ressaltamos noutra oportunidade, no *cumprimento* provisório, o requerimento do credor e a intimação do réu serão necessários: "Todavia, neste caso – diferentemente do que ocorrerá no cumprimento da sentença transitada em julgado – é imprescindível o requerimento do credor. Isto porque o cumprimento provisório, *mutatis mutandis*, sujeita-se às mesmas regras e princípios que a execução provisória, dentre os quais, forte no artigo 475-O, incisos I e II, a iniciativa do credor, a responsabilidade deste em reparar os danos sofridos pelo devedor e a necessidade de retorno ao *status quo ante* nos casos em que ocorrer a reversão da decisão exeqüenda. Assim, poderá o credor requerer, na forma do artigo 475-O, § 3º, a *intimação* do devedor para que cumpra a sentença ou acórdão – ainda que em sede provisória – no prazo de 15 dias. Note-se que, aqui, diferentemente do que ocorrerá no cumprimento *definitivo* da sentença (onde só o trânsito em julgado é o que basta para que inicie a contagem do prazo para cumprimento), a intimação do devedor far-se-á necessária, por razões óbvias. É evidentemente necessário informar-se o devedor da intenção do credor de obter o cumprimento em sede provisória, a qual se dá por iniciativa, conta e risco deste último." (*in* ALVARO DE OLIVEIRA, Carlos Alberto (Coord.). *A Nova Execução*. Ob. cit., p. 94).

Estudos de Direito Intertemporal e Processo

4.3. Execução provisória já ajuizada

Tendo sido proposta a execução provisória pela lei anterior, instaura-se, de imediato, o processo autônomo de execução, *independentemente da efetiva citação do devedor ou mesmo de despacho judicial*.[38] Inviável, assim, é a aplicação da sistemática de *cumprimento* provisório da sentença,[39] cumprindo verificar quais das regras atinentes à *execução provisória* serão aplicáveis. Ressalte-se que, em relação à oposição de embargos do devedor pela sistemática antiga, faremos a análise mais adiante, quando tratarmos da execução definitiva.

Pela sistemática anterior, na execução provisória, fazia-se necessário carta de sentença, na forma do artigo 589 do CPC, o que na nova sistemática é dispensado, cabendo ao credor apenas apresentar determinadas cópias de peças processuais relevantes. A carta de sentença, assim, seria o único requisito a ser "importado" da lei antiga. Ocorre que, ainda assim, a eventual ausência da referida carta de sentença se trataria de vício formal da execução provisória instaurada pela sistemática anterior. E, em se tratando de vício formal, em especial na execução, a jurisprudência do STJ tem reconhecido a possibilidade de correção inclusive após a citação do devedor.[40] O próprio artigo 616

---

[38] É precisa, neste particular, a lição de Luiz Rodrigues Wambier: "Ponto de partida fundamental: *o processo não tem início com o despacho inicial do juiz.* Existe desde o momento em que é entregue ao Poder Judiciário, no cartório distribuidor." (grifos no original) (WAMBIER, Luiz Rodrigues. *A Lei 11.232/2005, o direito intertemporal e a execução coletiva* (Parecer). Revista de Processo nº 145, Mar/2007, p. 356)

[39] Em sentido contrário, a jurisprudência majoritária do Tribunal de Justiça do Estado do Rio Grande do Sul tem salientado a inaplicabilidade da nova sistemática apenas quando houver *citação* no processo de execução instaurado sob a égide da lei antiga (Agravo de Instrumento nº 70019011212, Décima Quarta Câmara Cível, Tribunal de Justiça do RS, Relator: Isabel de Borba Lucas. Julgado em 22/03/2007; Apelação Cível Nº 70017509746, Quinta Câmara Cível, Tribunal de Justiça do RS, Relator: Paulo Sérgio Scarparo, Julgado em 14/03/2007; Agravo de Instrumento nº 70018988188, Décima Oitava Câmara Cível, Tribunal de Justiça do RS, Relator: Pedro Celso Dal Pra, Julgado em 20/03/2007). Há, todavia, decisões da mesma Corte no sentido da inaplicabilidade da Lei 11.232/05 desde que *proposta* a execução antes da sua vigência (não se fazendo qualquer referência à necessidade de *citação*) (Agravo de Instrumento nº 70016637027, Décima Segunda Câmara Cível, Tribunal de Justiça do RS, Relator: Orlando Heemann Júnior, Julgado em 01/09/2006).

[40] "PROCESSUAL CIVIL. AGRAVO REGIMENTAL. LIQUIDAÇÃO DE SENTENÇA. REQUISITO DA APRESENTAÇÃO DA MEMÓRIA DE CÁLCULO PARA VALIDADE DA CITAÇÃO NO PROCESSO DE EXECUÇÃO. ARTIGO 614, II, DO CPC. POSSIBILIDADE DE ADITAMENTO À INICIAL. ARTIGO 616 DO CPC. 1. A determinação do Magistrado para que seja emendada a inicial com o objetivo de regularizar a documentação apresentada, não ofende o art. 614, II, do Código de Processo Civil. 2. Os Princípios da Celeridade e Efetividade do Processo impõem ao Juiz ensejar ao exeqüente a emenda da petição inicial, nos termos do art. 616 do CPC, de forma a permitir que apresente a Memória de Cálculo para liquidação de sentença, ainda que após a citação da executada. 3. Agravo Regimental a que se nega o provi-

já permitia ao credor emendar a inicial da execução, inclusive quando houvesse alguma irregularidade ou incompletude referentes à carta de sentença.[41]

Neste caso, nada impede que o juiz, após a entrada em vigor da Lei 11.382/06, intime o credor para instruir a petição inicial com as cópias listadas no § 3º do art. 475-O, dispensando-se a carta de sentença antes exigida e que, porventura, não tivesse sido apresentada. Aqui, mostra-se aplicável o princípio da economia processual, sendo descabida a exigência de ajuizamento de nova execução. Não se está convalidando ato consumado pela lei antiga (ajuizamento de execução sem carta de sentença), mas permitindo que se pratique novamente o ato, já sob a égide da lei nova.

Mudança importante, a dispensa de caução na hipótese de pendência de recurso de agravo de instrumento junto ao Supremo Tribunal

---

mento". (AgRg no Ag 477.287/SP, Rel. Ministro LUIZ FUX, PRIMEIRA TURMA, julgado em 02.09.2003, DJ 29.09.2003 p. 153). "PROCESSUAL CIVIL. RECURSO ESPECIAL. AÇÃO DE CONHECIMENTO. RITO ORDINÁRIO. CORREÇÃO MONETÁRIA DAS CADERNETAS DE POUPANÇA. PETIÇÃO INICIAL. REQUISITOS. INÉPCIA. PEDIDO DEFICIENTE. SUPOSTA VIOLAÇÃO DOS ARTS. 264, PARÁGRAFO ÚNICO, 267, I, 282, IV, E 295, I, DO CPC. NÃO-OCORRÊNCIA. EMENDA DEPOIS DE APRESENTADA A CONTESTAÇÃO. POSSIBILIDADE. INTERPRETAÇÃO E APLICAÇÃO DO ART. 284 DO CPC. DEVER OMITIDO PELO JUIZ. DOUTRINA. PRECEDENTES DO STJ. PRESERVAÇÃO DO PRINCÍPIO DA ESTABILIDADE DA DEMANDA. DESPROVIMENTO. 1. A questão controvertida, de natureza processual, consiste em saber se o juiz pode determinar, com base no art. 284 do CPC, a emenda da petição inicial depois de apresentada a contestação, para sanar inépcia relacionada ao pedido. 2. Ao receber a exordial, o juiz deve, incontinenti, examinar seus requisitos legais. Se necessário, deve discriminar o(s) vício(s) e determinar, desde logo, a regularização no prazo de dez dias. Só na hipótese de o autor não sanar a(s) irregularidade(s) apontada(s) proceder-se-á à extinção do processo sem solução do mérito (CPC, art. 284 e parágrafo único). 3. A contestação do réu não obsta a possibilidade de emenda, porque a correção da inépcia relativa ao bem da vida não implica, necessariamente, a mudança do pedido ou da causa de pedir. 4. O réu será intimado para se pronunciar sobre a emenda, assegurando-se, dessa forma, o contraditório e a ampla defesa. Não haverá prejuízo ou nulidade (CPC, art. 244). Eventual inovação do pedido ou da causa de pedir sofrerá o controle jurisdicional. Preservar-se-á, com isso, a estabilidade da demanda. 5. Na hipótese, a inépcia do pedido (falta de precisa indicação dos períodos e respectivos índices de correção monetária) pode ser sanada, aproveitando-se os atos processuais já praticados (REsp 239.561/RS, 4ª Turma, Rel. Min. Aldir Passarinho Junior, DJU de 15.5.2006), notadamente porque o juiz da causa não indicou nem determinou, no despacho preliminar, a correção desse vício. 6. A extinção prematura do processo de conhecimento sem o julgamento do mérito não obstará o ajuizamento de nova ação, porque a lide não foi solucionada (CPC, art. 268). Essa solução demandará maior dispêndio de tempo, dinheiro e atividade jurisdicional, e vai de encontro aos princípios que informam a economia e a instrumentalidade do processo civil, cada vez menos preocupado com a forma e mais voltado para resultados substanciais. 7. Recurso especial desprovido". (REsp 837.449/MG, Rel. Ministra DENISE ARRUDA, PRIMEIRA TURMA, julgado em 08.08.2006, DJ 31.08.2006 p. 266)

41 ZAVASCKI, Teori Albino. *Comentários ao código de processo civil.* São Paulo: Revista dos Tribunais, 2000. V. 8, p. 259.

Estudos de Direito Intertemporal e Processo

Federal ou ao Superior Tribunal de Justiça (475-O, § 2º, II) não terá aplicação na hipótese de já ter havido, sob a égide da lei anterior, levantamento de depósito em dinheiro ou a prática de atos que importem alienação de domínio. Isto porque, para que tais atos fossem praticados pela lei anterior, constituía requisito imprescindível a prestação de caução, não se podendo retirar de atos praticados pela lei antiga um de seus requisitos, mantendo-se seus efeitos intactos. Trata-se da aplicação da proteção ao ato consumado.

Não tendo sido realizado o ato de levantamento de depósito ou expropriação de bens até a entrada em vigor da nova lei, então qualquer caução eventualmente prestada poderá ser dispensada nos termos do novel artigo 475-O, § 2º, II.

4.4. Sentença com trânsito em julgado. Execução definitiva não iniciada

Como já definimos, o prazo de 15 dias para cumprimento voluntário da sentença conta-se do trânsito em julgado desta última. Tendo ocorrido o trânsito em julgado na lei antiga, não se podem atribuir a este *ato consumado* efeitos que só lhe atribui a lei nova, posterior à sua consumação. Desta forma, não passará o prazo de 15 dias a contar simplesmente da entrada em vigor da nova lei, e muito menos do trânsito em julgado ocorrido sob a égide da lei antiga.

Surge, então, interessante problema: de um lado, o ato processual que determinaria o início da sistemática ora vigente se deu pela lei antiga. A sistemática prevista na lei antiga – processo autônomo de execução – foi abolida por completo na lei nova.

Não vemos como se possa sustentar que só reste ao credor requerer o prosseguimento do feito como execução, aplicando-se apenas a segunda parte do artigo 475-J, e não a primeira. O dispositivo possui uma lógica que não pode ser rompida: oportuniza ao devedor pagar sob pena de multa, e ao credor, executar o valor total, acrescido da multa, na hipótese de recalcitrância daquele. Sendo assim, mostra-se adequado que o juiz, *de ofício* (pois, lembremos, o *cumprimento* da sentença transitada em julgado independe de requerimento do credor), intime o devedor para pagar em 15 dias, sob pena de multa de 10%. A partir daí, deve prosseguir o feito integralmente na forma da Lei 11.232/05.

Cremos que tal proposta, embora não siga estritamente a sistemática prevista em lei, encontra tranqüilo aval no artigo 244 do CPC, além de preservar saudável balanço entre os valores *efetividade* – representada, aqui, pela maior agilidade ao credor em decorrência da aplicação da nova sistemática, ainda que com a devida adaptação – e *segurança* – proporcionada pela ciência do devedor acerca do início do prazo para cumprimento voluntário da sentença, permitindo-lhe evitar a penhora sobre seus bens. Não deve, ademais, ser difícil aceitá-la, na medida em que há, inclusive, entendimento doutrinário e jurisprudencial, do qual discordamos, no sentido de que a intimação do devedor – e não o mero trânsito em julgado – é a *regra* a ser seguida no cumprimento da sentença.[42]

Não vemos o óbice apontado por Carlos Alberto Alvaro de Oliveira, no sentido de que somente seria aplicável a multa de 10% prevista no artigo 475-J se o trânsito em julgado da sentença tivesse ocorrido depois da entrada em vigor da nova lei.[43] A divergência decorre do dissenso em torno da natureza da multa. Para Alvaro, a multa tem o caráter de *pena* e, assim, vigeria o princípio da irretroatividade. É nosso entendimento, no entanto, de que a multa é *medida coercitiva*, e não *pena*, e, assim, insere-se no rol das técnicas de tutela disponíveis para a efetivação de decisões judiciais, não se submetendo aos princípios aplicáveis à tutela *punitiva*.[44]

Em se aplicando a sistemática nova ao cumprimento e execução da sentença transitada em julgado na vigência da lei anterior, aplicar-se-á, da mesma forma, a nova sistemática de defesa do executado, que se dará por impugnação. Surge, assim, a indagação acerca da aplicabilidade do § 1º do artigo 475-L do CPC, que dispõe ser "inexigível o título judicial fundado em lei ou ato normativo declarados inconstitucionais pelo Supremo Tribunal Federal, ou fundado em aplicação ou interpretação da lei ou ato normativo tidas pelo Supremo Tribunal Federal como incompatíveis com a Constituição Federal."

Tal dispositivo, cuja redação, com algumas alterações, já havia sido introduzida pela Medida Provisória nº. 1.997-37, de 11 de abril

---

[42] Como, aliás, restou demonstrado no item 4, *supra* (nota de rodapé).

[43] Segundo Alvaro, "A multa introduzida pelo art. 475-J só pode ser aplicada se o trânsito em julgado da sentença condenatória ocorreu depois da vigência da nova lei, dado o seu caráter penitencial. E isso porque, no tocante às normas revestidas desse caráter, vigora o princípio da irretroatividade das sanções agravadas ou inovadas, as quais não incidem, assim, sobre os atos praticados antes da vigência da nova lei." (*in* ALVARO DE OLIVEIRA, Carlos Alberto (Coord.). *A Nova Execução*. Ob. cit., p. 292-293).

[44] Por isso sustentamos a não-aplicação da multa na hipótese do devedor destituído de patrimônio, *in* ALVARO DE OLIVEIRA, Carlos Alberto (Coord.). *A Nova Execução*. Ob. cit., p. 124-126.

de 2000 (que por sua vez acrescera parágrafo único ao artigo 741 do CPC[45]), é reflexo de um movimento doutrinário bastante presente no Brasil, que propugna pela relativização da coisa julgada material.[46] Foge do propósito do presente estudo tecer a devida crítica às conseqüências de semelhante doutrina.

A proteção à coisa julgada material, como regra de direito intertemporal, tem aqui fundamental relevância. Acolhemos integralmente, neste particular, o posicionamento de Araken de Assis: "para não violar o art. 5°, XXXVI da CF/88, somente os julgamentos posteriores à vigência da MP n°. 1997-37, de 11.04.2000, que introduziu na ordem jurídica pátria o fator de ineficácia dos pronunciamentos judiciais aqui examinado, se ostentam suscetíveis de impugnação com base no art. 475-L, parágrafo único".[47]

4.5. Execução definitiva ajuizada, com ou sem citação do executado, sem penhora e sem embargos à execução

Ajuizada a execução, mesmo que ainda não tenha sido citado o devedor, instaurado está o processo de execução autônomo. Como *ato consumado* pela lei antiga, não há como ignorá-lo, muito menos como extinguir o processo de execução ou "fundi-lo" com o de conhecimento, já encerrado.[48] Não nos parece acertado, assim, o posicionamento sustentado por Araken de Assis, no sentido de que, antes da intimação da penhora, se poderia simplesmente passar à regência da lei nova,[49] ignorando-se o fato de estarmos diante de processo autônomo já instaurado.

Todavia, caso pretenda valer-se da nova sistemática processual, poderá o exeqüente desistir da execução, independentemente de já ter

---

[45] ASSIS, Araken. *Cumprimento da Sentença*. Rio de Janeiro: Forense, 2006, p. 330.

[46] Talvez o principal trabalho publicado tenha sido o artigo de Cândido Rangel Dinamarco, intitulado "Relativizar a coisa julgada material". (*Revista da Ajuris*, Porto Alegre, v.27, n.83, p.33-65, set. 2001; *Revista Forense*, Rio de Janeiro, v.97, n.358, p.11-32, nov./dez. 2001; *Revista de Processo*, São Paulo, v.28, n.109, p.9-38, jan./mar. 2003).

[47] ASSIS, Araken. *Cumprimento da Sentença*. Rio de Janeiro: Forense, 2006, p. 331.

[48] Tal circunstância foi bem apanhada por Luiz Rodrigues Wambier, em WAMBIER, Luiz Rodrigues. *A Lei 11.232/2005, o direito intertemporal e a execução coletiva* (Parecer). Revista de Processo n°. 145, Mar/2007, p. 355-356.

[49] ASSIS, Araken. *Cumprimento da Sentença*. Rio de Janeiro: Forense, 2006. Igualmente, dissentimos de Carlos Alberto Alvaro de Oliveira, para quem enquanto não realizada a citação poder-se-ia atender à nova regulação, ainda que iniciado processo autônomo de execução pela lei anterior (*in* ALVARO DE OLIVEIRA, Carlos Alberto (Coord.). *A Nova Execução*. Ob. cit., p. 292).

havido a citação do devedor, e, mais importante, independentemente da concordância deste.[50] Arcará, evidentemente, com as custas a que deu causa. Se tiver ocorrido a citação e tiver o executado constituído advogado, praticando este qualquer ato processual (por exemplo, nomeando bens à penhora), serão devidos também honorários sucumbenciais ao patrono do executado, independentemente do oferecimento de embargos.[51] A desistência deverá ser homologada por sentença e não

---

[50] "O art. 569 exclui a aplicação subsidiária do art. 267, § 4º, motivo por que, acentuou a 4ª Turma do STJ, 'o exeqüente tem a livre disponibilidade da execução, podendo desistir a qualquer momento, em relação a um, a alguns, ou a todos os executados, mesmo porque a execução existe em proveito do credor, para a satisfação do seu crédito'. Em síntese, o credor não carece da concordância do devedor." (ASSIS, Araken de. *Manual do Processo de Execução*. 4ª ed. São Paulo: Revista dos Tribunais, 1997, p. 1.111).

[51] "Processual civil. Agravo no recurso especial. Ação de execução. Desistência. Condenação em honorários advocatícios. Cabimento. – Em obediência ao princípio da causalidade, os honorários advocatícios são devidos quando o credor desiste da ação de execução após o executado constituir advogado e indicar bens à penhora, independentemente da oposição ou não de embargos do devedor à execução. Precedentes". (AgRg no REsp 460.209/RJ, Rel. Ministra NANCY ANDRIGHI, TERCEIRA TURMA, julgado em 07.04.2003, DJ 19.05.2003 p. 227). Há, ainda, acórdão do STJ cujo relator foi o Ministro Ruy Rosado de Aguiar, onde se faz análise pormenorizada das diferentes hipóteses de extinção do processo de execução e suas conseqüências no tocante à verba honorária: "Execução. Desistência. Extinção do processo. Embargos do devedor. Honorários advocatícios. 1. O credor pode desistir do processo de execução em qualquer caso, independentemente da concordância do executado. O parágrafo único introduzido pela Lei 8.953/94 apenas dispôs sobre os efeitos da desistência em relação à ação de embargos, mas manteve íntegro o princípio de que a execução existe para satisfação do direito do credor. 2. A questão dos honorários advocatícios no processo de execução e na ação de embargos tem sido assim predominantemente resolvida: a) existindo apenas o processo de execução, a sua extinção a requerimento do credor não enseja a condenação do exeqüente em honorários, salvo se o executado provocou a desistência; b) na ação de embargos, considerada autônoma, e possível a imposição da verba, alem da deferida na execução; c) nesse caso, o quantitativo total, que se recomendava ficasse no limite dos 20%, hoje será fixado segundo apreciação eqüitativa do juiz (art. 20, § 4º, com a nova redação), devendo ser evitada a excessiva oneração da parte; d) extinta a execução, por desistência do exeqüente, mas prosseguindo a ação dos embargos, a requerimento do devedor (art. 569, parágrafo único, alínea 'b'), o credor será condenado a honorários na execução quando a desistência decorrer de provocação do devedor, fixada a verba honorária por juízo de equidade. Precedentes do STJ. 3. No caso dos autos, o credor desistiu da execução antes de tomar conhecimento da ação de embargos, pelo que o seu comportamento processual não decorreu de provocação do devedor, sendo por isso indevida a condenação na verba honorária. Art. 20, § 4º, e art. 569, parágrafo único do CPC. Recurso conhecido e provido". (REsp 75.057/MG, rel. Ministro Ruy Rosado de Aguiar, Quarta Turma, julgado em 13.05.1996, DJ 05.08.1996 p. 26364). Não nos parece adequada a solução dada ao caso, visto que ela parte da análise das razões pelas quais teria o exeqüente desistindo da execução, desconsiderando que a atuação do advogado do executado somente se deu por conta da instauração de um processo executivo, o que, por si só, já justificaria a oneração do exeqüente, independentemente de seu efetivo conhecimento da oposição dos embargos. De mais a mais, é sabido que o conhecimento, ainda que informal, acerca da oposição dos embargos pode se dar independentemente da efetiva intimação do embargado para impugnação, seja por consulta dos autos em Cartório seja por meios eletrônicos (os *sites* mantidos pelos tribunais na rede mundial de computadores em geral permitem o acompanhamento dos processos e de suas movimentações).

Estudos de Direito Intertemporal e Processo

atingirá o crédito postulado pelo exeqüente, não podendo ser confundida com *renúncia*. Homologada a desistência, o procedimento será o mesmo indicado no item anterior (4.4.).

Se o credor não desistir da execução instaurada na lei anterior, aplicar-se-ão as regras antigas (nomeação à penhora, embargos com efeito suspensivo etc.), em nada modificadas pela Lei 11.232/05. A aplicação da nova sistemática (ausência de prazo para pronto pagamento ou nomeação de bens, impugnação sem efeito suspensivo etc.) é de todo incompatível com o processo autônomo de execução.

Em relação à nova regra de competência trazida pelo art. 475-P, parágrafo único, mostra-se descabida a sua aplicação, na medida em que se trata de competência relativa, havendo direito adquirido do devedor, sob a égide da lei antiga, de ser processado perante o mesmo juízo que proferiu a sentença. Como ensina Galeno Lacerda, "não pode a lei nova, sem ofensa a direito adquirido, alterar, para os processos em curso, a disciplina já consolidada da competência relativa, salvo se opuser, contra esta, regra de competência absoluta".[52] Não é o caso.

4.6. Execução definitiva ajuizada e com penhora realizada, com ou sem intimação do devedor acerca da penhora, sem embargos do devedor

O mesmo procedimento do item anterior é de ser, aqui, seguido. Muito embora da intimação da penhora conte-se o prazo para embargar a execução, enquanto não apresentados os embargos não se pode falar em direito adquirido à sua apresentação frente a uma eventual desistência da execução pelo credor. Mesmo pela lei anterior, poderia o credor desistir da execução sem a anuência do devedor, desde que o fizesse antes da oposição dos embargos,[53] situação em que não haveria interesse processual nesta (hipótese distinta daquela em que a desistência é requerida na pendência de embargos, como adiante veremos).

É claro que, mantida a execução pela sistemática antiga, deve-se reconhecer o direito adquirido do devedor aos embargos. Aqui, no entanto, estamos a tratar da hipótese de desistência da execução, e não de mera entrada em vigor da lei nova.

---

[52] LACERDA, Galeno. Ob. cit., p. 6.

[53] "PROCESSUAL CIVIL. AGRAVO REGIMENTAL. EXECUÇÃO. EMBARGOS OPOSTOS APÓS A DESISTÊNCIA. 1. Se a desistência ocorrer antes do oferecimento dos embargos, desnecessária é a anuência do devedor. 2. Precedentes do STJ. 3. Agravo regimental a que se nega provimento". (AgRg no Ag 538.284/RS, Rel. Ministro JOSÉ DELGADO, PRIMEIRA TURMA, julgado em 27.04.2004, DJ 07.06.2004 p. 162)

Desistindo da execução o credor, desconstituir-se-á a penhora realizada (as conseqüências relativas às verbas sucumbenciais foram expostas no item 4.5 e não sofrem, aqui, qualquer alteração).

Não desistindo da execução o credor, procede-se integralmente na sistemática da lei antiga.

4.7. Execução definitiva embargada

Como restou estabelecido em itens anteriores, a Lei 11.232/05 não se aplica à execução de sentença já ajuizada (item 4.5), cabendo apenas verificar a possibilidade de o credor, desistindo da execução, promovê-la pela nova sistemática.

Em se tratando de execução embargada, é preciso distinguir os fundamentos dos embargos do devedor. Tem entendido o STJ, aplicando o artigo 569 do CPC,[54] que, versando os embargos sobre a questão de fundo (questão de direito material), pode o credor desistir da execução sem que isso implique a extinção dos embargos, que deverão prosseguir autonomamente. Já em se tratando de embargos sobre questões meramente processuais, a extinção da execução, independentemente da concordância do embargante, implicaria a extinção daquela ação autônoma de impugnação.[55]

---

[54] Art. 569. O credor tem a faculdade de desistir de toda a execução ou de apenas algumas medidas executivas. Parágrafo único. Na desistência da execução, observar-se-á o seguinte: a) serão extintos os embargos que versarem apenas sobre questões processuais, pagando o credor as custas e os honorários advocatícios; b) nos demais casos, a extinção dependerá da concordância do embargante.

[55] "EXECUÇÃO. DESISTÊNCIA. EMBARGOS DO DEVEDOR VERSANDO QUESTÃO DE DIREITO MATERIAL. DISCORDÂNCIA MANIFESTADA PELOS EMBARGANTES EXE-CUTADOS. EXECUÇÃO JULGADA EXTINTA SEM O CONHECIMENTO DO MÉRITO, COM O PROSSEGUIMENTO DOS EMBARGOS EM SEUS ULTERIORES TERMOS DE DIREITO. – O exeqüente tem a faculdade de, a qualquer tempo, desistir da execução, atento ao princípio segundo o qual a execução existe em proveito do credor, para a satisfação de seu crédito. – Versando os embargos do devedor questão de direito material, a sua extinção depende da anuência do executado embargante. Em caso de discordância, terão eles seguimento de forma autônoma. Recurso especial conhecido e provido para decretar a extinção da execução, sem o conhecimento de mérito". (REsp 489.209/MG, Rel. Ministro BARROS MONTEIRO, QUARTA TURMA, julgado em 12.12.2005, DJ 27.03.2006 p. 277). Há acórdãos entendendo que até mesmo para extinguir-se a execução seria necessária a anuência do devedor embargante: "PROCES-SUAL CIVIL. EXECUÇÃO. OPOSIÇÃO DE EMBARGOS. DESISTÊNCIA. ANUÊNCIA DO EMBARGANTE. NECESSIDADE. I – Formulado o pedido de desistência de execução depois do oferecimento dos embargos, sobretudo quando estes não versam apenas questões processuais, necessária é a anuência do devedor. II – Agravo regimental desprovido". (AgRg no Ag 559.501/RS, Rel. Ministro ANTÔNIO DE PÁDUA RIBEIRO, TERCEIRA TURMA, julgado em 25.05.2004, DJ 21.06.2004 p. 219)

Estudos de Direito Intertemporal e Processo

Convém, no entanto, ressaltar que, quando se alude a questões processuais, se deve limitá-las àquelas relativas ao próprio processo de execução (ex. cumulação indevida de execuções, nulidade da penhora, incompetência do juízo da execução etc.). Isto porque há questões de ordem processual que dizem respeito ao próprio título, e constituem, assim, o mérito (questão de fundo) dos embargos do devedor. É o caso, por exemplo, de embargos que versam sobre nulidade da citação no processo de conhecimento quando este correu à revelia do executado. Neste caso, cremos ser necessária a concordância do devedor para que a extinção da execução implique, também, extinção dos embargos. Convém, portanto, não interpretar *literalmente* o artigo 569, parágrafo único, alínea *a*, do CPC.

Sendo hipótese de manutenção dos embargos do devedor ainda que em face da desistência do credor na execução, entendemos, que por conta do direito adquirido processual à suspensão da execução, exercido com a oposição de embargos, não possa tal efeito ser subtraído da referida ação autônoma de impugnação pela mera desistência do credor na execução. Por essa mesma razão não se aplica, aqui, o artigo 475-M, § 1º, que permite o prosseguimento da execução na hipótese de impugnação recebida com efeito suspensivo, desde que o credor preste caução idônea. Trata-se de instituto inerente à nova sistemática legal, ausente na anterior, devendo esta última ser seguida no cenário em questão.

Evidencia-se que a desistência da execução não traria, aqui, vantagem alguma ao exeqüente.

4.8. Breves notas sobre os recursos cabíveis na liquidação e execução

A Lei 11.232/05 estabelece claramente que a decisão que põe fim à fase de liquidação de sentença é agravável (art. 475-H). Da mesma forma, dispõe ser agravável a decisão proferida em sede de impugnação à execução (que substituíram os embargos à execução), salvo quando importar extinção da execução, hipótese em que será apelável (art. 475-M, § 3º). Trata-se de mudança substancial se comparada com a sistemática anterior, onde tanto a liquidação quanto os embargos à execução eram decididos por sentença, sendo esta, por sua vez, apelável.

Tendo-se instaurado embargos à execução ou liquidação de sentença pela sistemática antiga, estes inevitavelmente resultarão em processos (e não incidentes ou fases processuais) que, por sua vez, deverão ser encerrados por sentença, ainda que proferida já sob a égide da lei nova. Sendo assim, respeitando-se o direito adquirido ao recurso,[56] cabível será a apelação nestes casos, ainda que venha a ser interposta sob a égide da Lei 11.232/05.[57]

---

[56] Como ensina Galeno Lacerda, "a regra básica no assunto é que a lei do recurso é a lei do dia da sentença. Roubier, citando, dentre outros, Merlin e Gabba, afirma, peremptório, que 'os recursos não podem ser definidos senão pela lei em vigor no dia do julgamento: nenhum recurso novo pode resultar de lei posterior e, inversamente, nenhum recurso existente contra uma decisão pode ser suprimido, sem retroatividade, por lei posterior' (...) Isto porque, proferida a decisão, a partir desse momento nasce o direito subjetivo à impugnação, ou seja, o direito ao recurso autorizado pela lei *vigente nesse momento*. Estamos, assim, em presença de verdadeiro *direito adquirido processual*, que não pode ser ferido por lei nova, sob pena de ofensa à proteção que a Constituição assegura a todo e qualquer direito adquirido." (Ob. cit., p. 47-48)

[57] Corroborando tal entendimento, veja-se ementa de acórdão proferido pela Sexta Câmara Cível do Tribunal de Justiça do Estado do Rio Grande do Sul: "AGRAVO DE INSTRUMENTO. DIREITO PRIVADO NÃO ESPECIFICADO. EMBARGOS À EXECUÇÃO. SENTENÇA DE PARCIAL PROCEDÊNCIA. RECURSO CABÍVEL. DIREITO INTERTEMPORAL. O recurso cabível contra a sentença de parcial procedência dos embargos à execução, estes ajuizados antes da entrada em vigor da Lei nº 11.232/2005, é a apelação. Doutrina e jurisprudência. Agravo de instrumento desprovido". (Agravo de Instrumento Nº 70018868760, Sexta Câmara Cível, Tribunal de Justiça do RS, Relator: Antônio Corrêa Palmeiro da Fontoura, Julgado em 14/03/2007)

5. Cumprimento e execução da sentença e a Lei 11.382/06

Algumas das alterações introduzidas pela Lei 11.382/06 aplicam-se, igualmente, à execução de títulos judiciais e extrajudiciais. Destacamos as seguintes: *(i)* possibilidade de o credor obter certidão de ajuizamento da execução e averbá-la em registro de bens (art. 615-A); *(ii)* novas regras sobre impenhorabilidade de bens (art. 649); *(iii)* nova ordem de bens penhoráveis (art. 655); *(iv)* penhora de dinheiro em depósitos bancários ou aplicações financeiras pela via eletrônica (art. 655-A); *(v)* possibilidade de substituição da penhora por fiança bancária ou seguro garantia judicial (art. 656, § 2°); *(vi)* averbação da penhora de outros bens pela via eletrônica (art. 659, § 6°); *(vii)* inversão da ordem expropriatória, ficando, como primeira opção do credor, a adjudicação, seguida da alienação por iniciativa particular e da hasta pública (para fins de arrematação), podendo esta ser feita pela rede mundial de computadores (Art. 686, *caput* e art. 689-A); *(viii)* introdução do mecanismo de alienação particular do bem penhorado (art. 685-C); *(ix)* modificação do prazo para embargos à adjudicação, alienação e arrematação, passando de 10 para 5 dias (art. 746); *(x)* direito absoluto do adquirente do bem em desistir da aquisição na hipótese de oposição de embargos à adjudicação, alienação e arrematação, com a aplicação de multa se considerados estes protelatórios (art. 746, §§ 1° a 3°); *(xi)* extinção da remição de bens, substituindo-se pela adjudicação (art. 685-A, § 2°).

Tendo a Lei 11.382, de 6 de dezembro de 2006, entrado em vigor em 20 de janeiro de 2007, deve-se avaliar a sua aplicação aos feitos pendentes neste data, conforme a fase em que, então, se encontrassem. É preciso lembrar, ainda, que poderemos ter, em 20 de janeiro de 2007, tanto processos de execução autônomos instaurados na vigência da *sistemática* anterior àquela prevista na Lei 11.232/05, quanto *fase* de cumprimento ou execução instaurada sob a égide do referido diploma legal. Para ambos, a Lei 11.382/06 aplica-se imediatamente, porém apenas no que dispuser sobre a execução de títulos judiciais.

Não se aplicarão, portanto, a eventual processo de execução autônomo de título *judicial*, quaisquer das alterações concernentes aos prazos para pagamento, extinção da nomeação de bens à penhora, embargos do devedor, parcelamento do débito, honorários advocatícios, bem como outras mudanças que concernem tão-somente à execução de títulos executivos extrajudiciais. Isto quer dizer que o prazo para pagar ou nomear bens à penhora, a contagem do prazo e os requisitos dos embargos do devedor etc., continuam seguindo à sistemática anterior. De resto, a Lei 11.382/06 aplicar-se-á igualmente a processos autônomos de execução de título judicial e às *fases* de cumprimento e execução previstas na Lei 11.232/05.

Poderá o autor/exeqüente, ainda que com o processo em curso, requerer a certidão de que trata o artigo 615-A.

Aplicar-se-ão imediatamente as regras sobre a impenhorabilidade de bens (art. 649), bem como sobre a nova ordem de bens penhoráveis (art. 655), não se podendo, entretanto, desconstituir ou invalidar penhora ou mesmo nomeação validamente realizadas na lei anterior, nem se convalidar penhora ou nomeação incorretamente realizadas pela lei antiga. Diga-se de passagem, o credor tem direito adquirido de preferência ao bem penhorado validamente, na exata dicção do artigo 612, *in fine*.[58]

Quanto ao direito de substituição do bem penhorado (arts. 656 e 668), é possível exercê-lo desde já sem que isso constitua violação de direito adquirido ou ato jurídico perfeito verificados pela lei antiga, desde que, é claro, na hipótese dos incisos I e II do artigo 656,[59] a *ordem legal* e a *lei* consideradas sejam aquelas vigentes à época da realização da penhora ou da nomeação, e não aquelas em vigor quando do requerimento de substituição do bem penhorado.

---

[58] Art. 612. Ressalvado o caso de insolvência do devedor, em que tem lugar o concurso universal (art. 751, III), realiza-se a execução no interesse do credor, que adquire, pela penhora, o direito de preferência sobre os bens penhorados.
[59] Art. 656. A parte poderá requerer a substituição da penhora: I – se não obedecer à ordem legal; II – se não incidir sobre os bens designados em lei, contrato ou ato judicial para o pagamento. ·

Estudos de Direito Intertemporal e Processo

Com relação à inversão da ordem expropriatória, esta terá aplicação imediata. Caso já tenha sido designada praça ou leilão, e o credor pretenda exercer a opção de adjudicar o bem penhorado ou mesmo aliená-lo por iniciativa privada, poderá desistir daquele meio expropriatório, arcando, é claro, com os custos daí decorrentes. Trata-se, em nosso sentir, da correta ponderação entre o artigo 612 do CPC (princípio do resultado:[60] "realiza-se a execução no interesse do credor") e o artigo 620 do CPC (princípio da menor gravosidade para o executado: "Quando por vários meios o credor puder promover a execução, o juiz mandará que se faça pelo modo menos gravoso para o devedor"). O devedor não tem direito adquirido à forma de alienação do bem penhorado, sobre o qual a preferência é do credor. Ademais, é faculdade do credor desistir não apenas de toda a execução, como também de algumas medidas executivas, como, por exemplo, a alienação em hasta pública (princípio da disponibilidade da execução).

Evidentemente, tendo se consumado a arrematação pela lei anterior, descabe desfazê-la para a adoção de outros meios executivos.[61] Aí sim, estar-se-ia diante de ato jurídico perfeito e consumado e, ainda, ter-se-ia direito adquirido de terceiro (arrematante) a ser respeitado.

Em relação aos embargos à arrematação e à adjudicação, é preciso verificar se, na vigência da lei antiga, já se iniciara o prazo para a sua oposição. Como ensina Araken de Assis, o prazo para embargos à arrematação fluía da assinatura do auto, enquanto nos embargos à adjudicação a contagem dar-se-ia da assinatura do auto ou, na hipótese de licitação entre pretendentes à adjudicação, da intimação do provimento que julga a licitação.[62] Iniciado o prazo, há direito adquirido do possível embargante a *(i)* prazo de 10 dias e *(ii)* efeito suspensivo dos embargos. Não iniciado ainda o prazo até a entrada em vigor da Lei 11.382/06, quando tal ocorrer, aplicar-se-á esta última, que determina ser de 5 dias o prazo para embargar e desprovido de efeito suspensivo *de regra* os embargos.

---

[60] Sobre o princípio do resultado, veja-se ASSIS, Araken de. *Manual do Processo de Execução.* 4ª ed. São Paulo: Revista dos Tribunais, 1997, p. 99.

[61] Nesse sentido, veja-se a lição de Teori Albino Zavascki acerca do pedido de substituição da medida executiva: "Deve igualmente indeferi-lo se a medida da qual se pretende desistir já estiver irreversivelmente consumada. Assim, incabível a desistência da penhora de um bem que já foi arrematado". ZAVASCKI, Teori Albino. *Comentários ao código de processo civil.* 2. ed. São Paulo: Revista dos Tribunais, 2003. v. 8, p. 80.

[62] ASSIS, Araken de. *Manual do Processo de Execução.* 4ª ed. São Paulo: Revista dos Tribunais, 1997, p. 1003.

Quanto ao direito de o adquirente desistir da aquisição na hipótese de oposição de embargos à adjudicação, alienação e arrematação, não vemos como possa ser exercido na hipótese de arrematação (ou adjudicação) realizada pela lei anterior. Como ato jurídico perfeito, a arrematação ocorrida pela lei antiga não pode ser tornada sem efeito em decorrência de causa prevista na lei nova. Note-se que o direito absoluto do adquirente à desistência, previsto nos §§ 1º e 2º do artigo 746, incluídos pela Lei 11.382/06, está diretamente relacionada com o novo inciso III do artigo 694, ausente na redação anterior, e que estabelece a possibilidade de a arrematação ser "tornada sem efeito (...) a requerimento do arrematante, na hipótese de embargos à arrematação".

Por fim, em se tratando da extinção do direito à remição de bens provocada pela Lei 11.382/06, é preciso verificar se nasceu, para o legitimado a remir, o direito à remição enquanto vigente a sistemática anterior. Segundo o artigo 788 do CPC, o direito a remir somente poderia ser exercido no prazo de 24 horas entre "a arrematação dos bens em praça ou leilão e a assinatura do auto" ou "entre o pedido de adjudicação e a assinatura do auto, havendo um só pretendente (art. 715, § 1º); ou entre o pedido de adjudicação e a publicação da sentença, havendo vários pretendentes (art. 715, § 2º)." Sendo assim, apenas se a Lei 11.382/06 entrou em vigor durante este exíguo prazo de 24 horas é que se deve reconhecer a prevalência do direito a remir na vigência da lei nova. Do contrário, remições já requeridas pela lei antiga seguem a lei antiga, e futuras arrematações ou adjudicações não contemplarão a possibilidade de remição dos bens penhorados, cabendo a adjudicação do bem "pelo cônjuge, pelos descendentes ou ascendentes do executado", na forma do artigo 685-A, § 2º do CPC.

Estudos de Direito Intertemporal e Processo   **41**

6. Execução de títulos extrajudiciais e a Lei 11.382/06

Na execução de títulos extrajudiciais, além das modificações elencadas no item anterior, podemos destacar ainda: *(i)* mudança em todo o procedimento inicial da execução, com o aumento do prazo para pronto pagamento, de 24 horas para 3 dias, estes contados da juntada aos autos do mandado de citação, eliminação do direito do devedor à nomeação de bens à penhora, intimação da penhora na pessoa do advogado, possível dispensa da intimação em determinadas hipóteses (art. 652 e parágrafos); *(ii)* possibilidade de redução da verba honorária em 50% na hipótese de pagamento, pelo devedor, em 3 dias (art. 652-A, parágrafo único); *(iii)* aumento do prazo de embargos do devedor, de 10 para 15 dias (art. 738); *(iv)* embargos do devedor passam a não ter mais, *de regra*, efeito suspensivo (art. 739-A); *(v)* embargos prescindem de garantia do juízo (art. 736, *caput*), salvo se buscarem a suspensão da execução, hipótese em que esta deverá estar garantida por penhora, depósito ou caução suficientes (art. 739-A, § 1º); *(vi)* decisão relativa aos efeitos dos embargos pode ser modificada a qualquer tempo, cessando as circunstâncias que a motivaram (art. 739-A, § 2º); *(vii)* ônus daquele que embarga por excesso de execução de indicar o valor que entende devido, apresentando memória do cálculo, sob pena de rejeição liminar dos embargos (art. 739-A, § 5º); *(viii)* possibilidade de aplicação de multa na hipótese de embargos manifestamente protelatórios (art. 740, parágrafo único); *(ix)* possibilidade de o devedor, reconhecendo o crédito do exeqüente e depositando 30% do valor em execução, requerer o parcelamento do restante em até 6 parcelas mensais, acrescidas de correção monetária e juros de 1% (um por cento) ao mês (art. 745-A) e *(x)* contrariando a evolução jurisprudencial que redundou na Súmula 317 do STJ, modificou-se o artigo 587 no CPC para considerar *provisória* a execução fundada em título extrajudicial enquanto estiver pendente apelação da sentença de improcedência dos embargos do executado, quando recebidos estes com efeito suspensivo.

Procedamos à análise dos seguintes cenários, referentes ao estágio do processo quando da entrada em vigor da Lei 11.382/06.

6.1. Execução ajuizada, porém sem citação

Enquanto não for realizada a citação do devedor, poderá o credor requerer o recolhimento do mandado eventualmente expedido e, emendando a inicial, adequar o procedimento à nova sistemática instituída pela Lei 11.382/06, inclusive indicando os bens do devedor a serem penhorados. Exigir-se a desistência da execução e o ajuizamento de outra constituiria formalismo exacerbado, sendo que a proteção ao ato consumado de instauração do processo não realizaria nenhum valor relevante, nem mesmo o valor *segurança*.

A situação é bastante distinta daquela descrita no item 4.5 supra (processo de execução autônomo de título judicial já instaurado), pois lá não há como se *adaptar* o procedimento quando já restou instaurado processo autônomo, diverso daquele no qual deveria ocorrer o *cumprimento* da sentença pela sistemática nova.

Veja-se, no entanto, que aqui se está diante de processo no qual não houve a citação. A solução apontada (recolhimento do mandado inicial e expedição de outro pela nova lei) só se mostra adequada nessa circunstância específica. Entendimento semelhante é sugerido por Galeno Lacerda quando tratou da instituição do procedimento sumaríssimo pelo CPC de 1973, *in verbis*:

> Isso significa que, se a citação tiver ocorrido na vigência da lei antiga, será de todo impossível a conversão ao novo rito sumaríssimo.
>
> Essa transformação somente se poderá praticar, se ainda não efetivada a citação. Nesse caso, cumpre advertir que os mandados ainda não cumpridos pelos oficiais de justiça, quando da entrada em vigor do Código, deverão ser recolhidos e renovados segundo os dispositivos deste. Pela mesma adaptação e renovação deverão passar os editais citatórios em curso.
>
> Se, por acaso, nessa hipótese, alguma citação segundo a lei antiga se operou, por descuido, na vigência da lei nova, o ato deverá ser repetido, com novo despacho judicial ordinatório, devidamente adequado ao sistema e ao rito inovados.[63]

---

[63] LACERDA, Galeno. *O Novo Direito Processual Civil e os Feitos Pendentes*. 2ª ed. Rio de Janeiro: Forense, 2006, p. 27.

Estudos de Direito Intertemporal e Processo

O que difere a hipótese trazida por Galeno Lacerda da nossa é que, naquela, tudo se procede de ofício: não realizada a citação ou realizada equivocadamente, recolhem-se os mandados ou renova-se a citação. Segundo nosso entendimento, em se tratando da entrada em vigor da Lei 11.382/06 quando já fora ajuizada a execução nos termos da lei anterior, só ocorrerá a adaptação ao novo procedimento caso haja requerimento do credor pois, do contrário, é de se respeitar o ato jurídico perfeito e consumado consistente no ajuizamento da execução e no requerimento, cabível à época da prática do ato, de intimação do devedor para pagar ou nomear bens à penhora em 24 horas.

6.2. Citação realizada, pendendo prazo para nomeação de bens à penhora

Realizada a citação pela lei antiga, nasce o direito do devedor em nomear bens à penhora. E a nomeação há de respeitar as regras vigentes à época da citação, ainda que venha a ser realizada – a nomeação – já ao abrigo da lei nova.

6.3. Nomeados bens à penhora pelo devedor, pendente decisão acerca da validade da nomeação

A análise da validade da nomeação deverá respeitar os requisitos para esta previstos pela lei vigente à época em que nasceu o direito à nomeação, vale dizer, na hipótese em análise, pela lei antiga. Assim, a ordem do artigo 655 a seguir, por exemplo, será a anterior à Lei 11.382/06.

6.4. Penhora realizada, não tendo sido intimado o devedor

A penhora realizada pela lei antiga submete-se às regras desta lei. Efetuada a constrição sobre bem do devedor pela lei antiga, claro está que nasce, para ele, o direito adquirido a ser comunicado daquela pela sistemática então vigente. Logo, a intimação há de ser pessoal ao devedor, nos termos do então vigente artigo 669 do CPC, e não na pessoa do advogado daquele, como agora dispõe o artigo 652, § 4°. Muito menos poder-se-á dispensar a intimação do devedor, como hoje autoriza o § 5° do art. 652.

Intimado o devedor da penhora já sob a égide da lei nova – embora pessoalmente, e não através de seu advogado – da juntada do mandado de intimação aos autos contar-se-á o prazo para embargar a execução. A questão é saber, agora, se esses embargos terão prazo de 10 dias e suspenderão *de regra* a execução (vale dizer, se adotarão a sistemática da lei antiga) ou se deverão ser opostos em 15 dias e não terão, *de regra*, efeito suspensivo, seguindo portanto o que dispõe a Lei 11.382/06.

A questão guarda uma certa complexidade, na medida em que, pela lei nova, o prazo para embargar conta-se da juntada aos autos do mandado de *citação* (salvo na hipótese de embargos contra penhora ou avaliação errônea), e não de *intimação*. E, pela lei anterior, o direito a embargar somente surge com a penhora, não sendo admissíveis embargos antes de seguro o juízo pela penhora (art. 738, I). Assim, tem-se que pela lei antiga não surgiu ainda o direito adquirido aos embargos do devedor lá previstos, e nem se praticou ato que implique como conseqüência direta a oposição de embargos. Pela lei nova, não se instituirá o prazo para embargar pois a citação ocorreu sob a égide da lei antiga.

Neste cenário, inclinamo-nos a considerar que os embargos a serem opostos deverão seguir a lei nova, ou seja, obedecerão ao prazo de 15 dias (art. 738), não terão efeito suspensivo *de regra* (art. 739-A), terão de indicar o exato valor devido e apresentar memória de cálculo se contiverem alegação de excesso de execução (art. 739-A, § 5º) etc. Como a intimação foi pessoal, e não na pessoa do advogado, na prática a comunicação terá o mesmo efeito da citação prevista na nova lei, e com a juntada aos autos do mandado de intimação da penhora iniciar-se-á o prazo para embargos. Daí por que é fundamental que conste, no mandado de intimação da penhora, a informação ao devedor do prazo de 15 dias para embargar a execução. Não poderá o devedor valer-se do pronto pagamento com desconto na verba honorária (art. 652-A, parágrafo único) e nem do parcelamento previsto no art. 745-A que, embora possa ser exercido no prazo para embargos, pressupõe o reconhecimento do crédito do exeqüente nos 15 dias após a citação, período este já ultrapassado no cenário em questão.

6.5. Intimado o devedor da penhora, pendente prazo para oposição de embargos

Pendente o prazo para a oposição de embargos do devedor, prazo este iniciado na vigência da lei antiga, deve-se manter a mesma siste-

Estudos de Direito Intertemporal e Processo

45

mática legal lá prevista, face ao nascimento de direito adquirido do executado à defesa pela lei antiga. Isto vale para o prazo (10 dias), requisitos (garantia do juízo etc.) e efeitos (suspensivo) dos embargos. Em nosso sentir, não se aplica aqui o entendimento plasmado nas obras de Galeno Lacerda e Pontes de Miranda, no sentido de que se poderiam dilatar prazos já iniciados pela lei antiga para a prática do ato.[64]

Ocorre que, ao se dilatar o prazo de embargos do devedor para 15 dias, mantendo-se no restante a sistemática anterior, ter-se-ia vantagem indevida para o executado, que "importaria" o bônus de cada sistemática (suspensão da execução pela sistemática antiga, prazo dilatado pela sistemática nova). Criar-se-ia um terceiro gênero de embargos, com regras oriundas dos dois sistemas, o que não se mostra adequado, até mesmo porque aqui não há impeditivo para a aplicação integral da sistemática antiga (diversamente do que vimos no item anterior – 6.4 – onde não haveria como adotarmos integralmente a sistemática nova no tocante ao início do prazo para embargar).

Sendo assim, a entrada em vigor da Lei 11.382/06 não tem o condão de dilatar prazos de embargos do devedor em curso. Nada diferente, aliás, do que já pregava Carlos Maximiliano há mais de 60 anos: *"Prazo processual*, uma vez começado, não mais é suscetível de ser aumentado, nem diminuído, sem retroatividade condenável".[65]

Não poderão os embargos do devedor ser rejeitados por conta de requisitos que, pela lei antiga, não se lhes aplicavam (ex. dever de apresentação de memória de cálculo pelo embargante, designando o exato valor devido, quando o fundamento dos embargos fosse o excesso de execução – art. 739-A, § 5º).

---

[64] Galeno Lacerda, quando tratou do aumento do prazo de embargos do devedor de 5 para 10 dias no CPC de 1973, afirmou categoricamente que os prazos em curso deveriam ser dilatados em mais cinco dias, aplicando-se imediatamente a nova lei (LACERDA, Galeno. *Ob. cit., p.* 70). Pontes de Miranda, por sua vez, tratando de prazo recursal e da aplicação do artigo 1.211 do CPC, afirmou: "Se o direito ao recurso nasceu antes da lei nova e o prazo para a interposição somente se esgotaria sob a lei nova, a lei nova pode dilatá-lo; não pode, porém, diminuí-lo." (PONTES DE MIRANDA, Francisco Cavalcanti. *Comentários ao Código de Processo Civil.* Rio de Janeiro: Forense, 1978. T. XVII, p. 40). Mais adiante, Pontes repete a lição, estendendo-a também para a hipótese de dilatação de prazo para a ação rescisória, hipótese que se aproxima mais da que é por nós analisada por tratar de ação autônoma, como são os embargos do devedor: "Quanto aos prazos, diminuí-los, apesar de já se ter adquirido o direito a recorrer ou a propor ação rescisória, é de repelir-se. O prazo é o da data em que nasceu o direito adquirido e não o da nova lei, salvo se o dilata, porque estender, no tempo, a eficácia de um direito não é violá-lo." (Ob. cit., p. 46)

[65] MAXIMILIANO, Carlos. Ob. cit., p. 272.

6.6. Embargos do devedor já ajuizados

Independentemente de ter ou não ter sido intimado o embargado para apresentar impugnação aos embargos do devedor, seguindo estes a sistemática anterior, o prazo para impugná-los será o do art. 740 da lei anterior, ou seja, de 10 dias.

6.7. Sentença de improcedência proferida nos embargos do devedor, pendente de recurso. Inaplicabilidade da nova redação do artigo 587 do CPC

Antes da entrada em vigor da Lei 11.382/06, vigia a interpretação literal do artigo 587, cristalizada na Súmula 317 do STJ (DJ 18.10.2005): "É definitiva a execução de título extrajudicial, ainda que pendente apelação contra sentença que julgue improcedentes os embargos".

A nova lei, no entanto, veio a modificar o artigo 587, estabelecendo ser *provisória* a execução "enquanto pendente apelação da sentença de improcedência dos embargos do exécutado, quando recebidos com efeito suspensivo".

A questão é saber se a nova disposição legal aplica-se imediatamente aos processos em curso, transformando em provisória execuções que, forte na Súmula 317 do STJ, eram definitivas.

Pensamos que se a execução foi ajuizada pela sistemática anterior, já não há como se aplicar a norma contida na nova redação do artigo 587 do CPC. E, se os embargos do devedor foram opostos também pela sistemática anterior, mais uma razão se soma aos óbices para a aplicação da novel disposição legal.

Primeiramente, não se pode desconsiderar o direito adquirido processual do credor à execução definitiva. Quando ajuizou a execução, o credor ponderou os riscos e os custos do processo, e neles não se incluía a necessidade de ter de prestar caução para a prática de atos expropriatórios ou de satisfação de seu crédito. Impor-lhe tal ônus no curso do processo é violar direito adquirido processual. Por analogia, valemo-nos do entendimento de Pontes de Miranda, que quando analisou o direito adquirido ao recurso, estabeleceu que a lei nova não pode impor qualquer limitação ao seu exercício, citando, como exemplo de limitação indevida "a exigência, pela lei nova, de alguma caução".[66]

---

[66] PONTES DE MIRANDA. Ob. cit., p. 41.

Estudos de Direito Intertemporal e Processo

Em segundo lugar, era *regra*, e não exceção, a atribuição de efeito suspensivo aos embargos do devedor pela lei antiga. Ora, opostos embargos seguindo tal sistemática, fácil ver que a aplicação do artigo 587, em sua novel redação, desvirtuaria o *telos* da norma nele contida, que é justamente o de tornar provisória a execução quando o juiz, ao menos em um primeiro momento, efetivamente vislumbrar relevante fundamentação e risco de grave dano de difícil ou incerta reparação para o devedor. Aplicando-se imediatamente o artigo 587 em sua nova redação, poder-se-ia chegar à esdrúxula situação de embargos do devedor manifestamente protelatórios e sem qualquer fundamentação pertinente serem rejeitados e, ainda assim, ocasionarem a transmudação da execução de definitiva para provisória, por conta de terem sido recebidos com efeito suspensivo em face da regra geral contida no artigo 791 do CPC, vigente à época de sua oposição.

Sendo assim, ajuizada execução pela sistemática antiga, já se pode afastar definitivamente a aplicação da nova redação do artigo 587 do CPC.

6.8. Meios expropriatórios

Por fim, em relação às alterações relativas aos meios expropriatórios, vale, aqui, o que foi dito no item 5, supra.

7. Conclusão

Não se tem a pretensão de esgotar o tema proposto neste trabalho, e muito menos de oferecer respostas absolutas ou definitivas. A riqueza de casos que surgem no dia-a-dia da prática forense, cada qual com suas peculiaridades, aliada ao escasso arcabouço legislativo para a definição de regras precisas sobre direito intertemporal, impede que se possa almejar algo semelhante.

É importante, no entanto, que doutrina e jurisprudência assumam a árdua tarefa de delinear da forma mais segura possível critérios para a aplicação das novas regras processuais aos feitos pendentes, evitando que direitos venham a ser suprimidos no curso deste período de adaptação à nova sistemática legal. É recomendável, também, que se intensifiquem cada vez mais o diálogo e a colaboração das partes com o juízo, evitando a surpresa na decisão judicial, que deslegitima o processo e o resultado nele produzido. Isto porque o curso do processo deve ser natural e previsível, devendo ser repudiadas posições isoladas na aplicação da lei processual, que venham a interromper ou mesmo extinguir a via jurisdicional para qualquer das partes, em especial quando não lhes for dada a oportunidade de debater a inovação pretendida pelo órgão judicial.[67]

---

[67] De fundamental importância é a lição de Carlos Alberto Alvaro de Oliveira, enfatizando a cooperação entre as partes e o juízo para evitar o elemento surpresa, "Em tal seara, a colaboração das partes com o juízo encontra sua razão de ser num plano mais amplo, na medida em que não se cuida apenas de investigar a norma aplicável ao caso concreto, mas de estabelecer o seu conteúdo e alcance, não só evitando surpresas mas também as conseqüências negativas daí decorrentes para o exercício do direito de defesa e da tutela de outros valores, como a concentração e celeridade do processo e a qualidade do pronunciamento judicial. [...] Demais disso, não é admissível que os litigantes sejam surpreendidos por decisão que se apóie, em ponto fundamental, numa visão jurídica por eles não apercebida. O tribunal deve, portanto, dar conhecimento prévio de qual direção o direito subjetivo corre perigo, aproveitando apenas os fatos sobre os quais as partes tenham tomado posição. Dessa forma, as partes estarão melhor aparelhadas para defender o seu direito e influenciar na decisão judicial. Dentro da mesma orientação,

---

Estudos de Direito Intertemporal e Processo

Com o delineamento de regras gerais de direito intertemporal processual e com a demonstração de sua aplicabilidade a problemas concretos surgidos a partir da nova sistemática executiva, esperamos ter contribuído para este diálogo.

---

a liberdade concedida ao julgador na eleição da norma a aplicar, independentemente de sua invocação pela parte interessada, consubstanciada no brocardo *iura novit curia*, não dispensa a prévia ouvida das partes sobre os novos rumos a serem imprimidos ao litígio, em homenagem, ainda aqui, ao princípio do contraditório . A hipótese não é pouco comum porque são freqüentes os empecilhos enfrentados pelo aplicador do direito, nem sempre de fácil solução, dificuldade geralmente agravada pela posição necessariamente parcializada do litigante, a contribuir para empecer visão clara a respeito dos rumos futuros do processo". (ALVARO DE OLIVEIRA, Carlos Alberto. Poderes do juiz e visão cooperativa do processo. *Revista da Ajuris*, Porto Alegre, v. 30, n. 90, jun. 2003, p. 67-68)

Parte II

Ensaio acerca do impacto do novo Código Civil sobre os processos pendentes

1. Introdução

O impacto que uma nova codificação potencialmente pode exercer no seio da sociedade está diretamente ligado às inovações que introduz, não apenas em relação à lei material anterior, mas especialmente em relação às práticas vigentes e admitidas pelo ordenamento jurídico.

Sabe-se também que uma codificação pode já "nascer velha", apartada da evolução social e econômica de um dado Estado. Esta tem sido, inclusive, a crítica de alguns doutrinadores ao novo Código Civil brasileiro. Não nos cabe, aqui, avaliar a qualidade ou o acerto da crítica, e, muito menos, proceder à "crítica da crítica". Sem descurar da relevância da temática acima descrita, o foco de interesse do presente trabalho é completamente diverso.

Buscaremos abordar a relação do novel direito material com o processo civil, e, mais especificamente, com os feitos pendentes. Qual será o real impacto que uma nova codificação do direito substancial pode trazer para aqueles processos já instaurados? Quais serão as implicações, para os feitos pendentes, das novas disposições do Código Civil acerca da capacidade das pessoas, das provas, da responsabilidade civil etc.?

O novo Código Civil brasileiro, que adota um sistema de cláusulas gerais, partindo da noção do direito privado como um sistema em construção,[68] é sem dúvida campo fértil para a construção de um novo direito substancial, o que se verificará predominantemente nas deci-

---

[68] COSTA, Judith Hoffmeister Martins. *O Direito Privado como um "Sistema em Construção": As Cláusulas Gerais no Projeto do Código Civil Brasileiro.* Disponível em http://www. jus.com.br/doutrina/ccivcons.html. Acesso em 07 de setembro de 2001.

Estudos de Direito Intertemporal e Processo

51

sões judiciais, e não no texto aberto da lei. Por estas razões, não se busca esgotar a abordagem proposta. Serão aqui analisados somente alguns aspectos da influência do novo Código Civil, já perceptíveis no texto da lei material, relacionando-os com preceitos de direito intertemporal.

É preciso, antes de adentrarmos o tópico referido, abordarmos, ainda que brevemente, o chamado binômio direito-processo, visto que é desta relação que trata o presente trabalho.

2. O binômio direito-processo

Há muito se alude ao binômio direito-processo, e poucos, como Dinamarco, conseguiram de forma tão convincente delineá-lo. Quando aqui nos referimos ao binômio direito-processo, "pensa-se, então, nos moldes como este concorre para a vida daquele, qual instrumento a serviço de uma ordem exterior".[69]

Esta ordem exterior, segundo o professor paulista, "é representada pelo conjunto de normas e princípios que atribuem bens da vida à pessoas, disciplinam condutas e ditam a organização da convivência social –, ou seja, ela é representada pelo que se denomina direito substancial".[70]

Pode-se, assim, seguramente, conceituar o processo civil como um instrumento a serviço da realização dos preceitos do direito material, ou substancial. Trata-se de um sistema aberto "para a infiltração dos valores tutelados na ordem político-constitucional e jurídico material".[71]

Verifica-se, assim, na lição do mestre citado, que "Direito e processo constituem dois planos verdadeiramente distintivos do ordena-

---

[69] DINAMARCO, Cândido Rangel. *A instrumentalidade do processo*. 10.ed. São Paulo: Malheiros, 2002, p. 220.

[70] Idem.

[71] Idem, p. 381. Em nossa tese de Doutorado pela Universidade Federal do Rio Grande do Sul, intitulada "A efetivação das sentenças sob a ótica do formalismo-valorativo: um método e sua aplicação", criticamos algumas das idéias de Dinamarco, a partir da visão do formalismo-valorativo, preconizada por Carlos Alberto Alvaro de Oliveira. Fundamentalmente, procuramos lá demonstrar a necessidade de uma visão mais clara dos valores a ponderar (efetividade e segurança), e do método a ser adotado, não podendo a ciência processual satisfazer-se apenas com o reconhecimento que é do juiz a tarefa de apreender os valores de uma dada sociedade, trazendo-os para o processo. A crítica, entretanto, não prejudica em nada a adoção das idéias de Dinamarco para este ensaio. O conceito de processo como instrumento apresenta *uma* das facetas do processo, não a única, pois processo é também cultura e valor, como demonstra Carlos Alberto Alvaro de Oliveira em *Do formalismo no processo civil*. (São Paulo: Saraiva, 1997).

mento jurídico, mas estão interligados pela unidade dos escopos sociais e políticos, o que conduz à relativização desse binômio direito-processo".[72]

Esta relativização do citado binômio promove até mesmo chamados "pontos de estrangulamento" entre os planos do direito material e direito substancial, ou seja, "dispositivos e institutos com aparência e tradicional tratamento substancial, sendo processuais: trata-se das condições da ação, da disciplina da prova e da responsabilidade patrimonial".[73]

Assim, muito embora se estude, modernamente, o processo civil como instrumento do direito material, é preciso ter em mente que ambos exercem mútua influência, sendo que no presente estudo é a influência da nova lei material sobre a lei instrumental, mais especificamente sobre os processos pendentes, a questão nodal a ser explorada.

---

[72] DINAMARCO, ob. cit., p. 388.
[73] Idem, p. 389.

3. Do Direito Intertemporal

Se o objeto desta exposição fosse analisar os impactos do novo Código Civil no processo civil como um todo, poderia ser legada para um segundo plano a análise da aplicação no tempo das novas normas de direito material. Ocorre que, no momento em que se busca justamente verificar o impacto da nova codificação em relações jurídico-processuais *já constituídas*, o direito intertemporal assume o papel principal na abordagem proposta.

As raízes do direito intertemporal são, elas próprias, controvertidas. Como observa José Eduardo Martins Cardoso, "há quem afirme que as questões suscitadas pela intertemporalidade jurídica sejam tão antigas quanto a civilização humana. Esta ousada afirmação, todavia, nem sempre chega a reproduzir fielmente o pensamento de todos os estudiosos".[74] Possivelmente, a idéia de que o direito intertemporal seja tão antiga quanto à civilização decorra do reconhecimento de que o princípio da não-retroatividade da lei é tão evidente quanto fundamental em toda a sociedade bem ordenada, como já referia C.F. Gabba,[75] ainda no século XIX.

Em geral, todavia, costuma-se dar destaque ao discurso de Cícero (106 a.C. a 43 a. C.) contra o pretor Verres (conhecida também como "apóstrofe dos Verrinas"),[76] como a primeira manifestação relevante em matéria de direito intertemporal.[77] Proclamou Cícero, em face da

---

[74] CARDOZO, José Eduardo Martins. *Da retroatividade da lei*. São Paulo: Revista dos Tribunais, 1995, p. 209-210.

[75] GABBA, C.F. *Teoria Della Retroattività Delle Leggi*. 3ª ed. Torino: Unione Tipografico-Editrice, 1891. Volume Primeiro, p. 46.

[76] LIMONGI FRANÇA, R. *Direito Intertemporal Brasileiro – Doutrina da Irretroatividade das Leis e do Direito Adquirido*. 2ª ed. São Paulo: Revista dos Tribunais, 1968, p. 38.

[77] Nesse sentido, ROUBIER, Paul. *Les Conflits de Lois Dans Le Temps – Théorie Dite de la Non-Rétroactivité des Lois*. Paris: Recueil Sirey, 1929. T. I, p. 63-64.

Estudos de Direito Intertemporal e Processo

haver o pretor Verres atribuído a edito seu efeito retroativo: "No tocante ao Direto Civil, se alguém estabeleceu algo de novo, julgaria ter destruído tudo o que fora feito antes?"[78]

A evolução da ciência jurídica produziu obras fundamentais acerca do tema.[79] Duas, em nosso sentir, merecem especial destaque, sendo elas a de C.F. Gabba, professor da Universidade de Pisa, intitulada *Teoria Della Retroattività Delle Leggi,*[80] e a de Paul Roubier, intitulada *Les Conflits de Lois Dans Le Temps – Théorie Dite de la Non-Rétroactivité des Lois.*[81]

Gabba, nos cinco volumes de sua obra, trabalha, fundamentalmente, com a idéia de *direito adquirido*. Para Gabba, é "adquirido todo direito que a) é conseqüência de uma fato idôneo a produzi-lo, em virtude da lei no tempo no qual o fato se viu realizado, embora a ocasião de fazê-lo valer não se tenha apresentado antes da atuação de uma lei nova a respeito do mesmo, e que b) nos termos da lei sob império da qual se verificou o fato de onde se origina, entrou imediatamente a fazer parte do patrimônio de quem o adquiriu".[82] A partir deste conceito, destaca que não há nada de injusto em se aplicar a lei retroativamente, inclusive a relações constituídas anteriormente à sua vigência, desde que não sejam atingidos *direitos adquiridos.*

Já Paul Roubier adota a idéia de *situação jurídica*, que julga superior às noções de direito adquirido e de relação jurídica.[83] Para Roubier, necessário se faz identificar o desenvolvimento de momentos sucessivos da situação jurídica, quais sejam, uma fase dinâmica, que corresponde ao momento de constituição (ou de extinção) de uma dada situação; e uma fase estática, que corresponde ao momento em que a situação produz efeitos.[84] Identificados estes diferentes "momentos",

---

[78] A tradução do latim é de Carlos Maximiliano, em *Direito Intertemporal ou Teoria da Retroatividade das Leis.* São Paulo: Saraiva, 1946, p. 17.

[79] Entre nós, destacam-se as obras de Carlos Maximiliano (Direito Intertemporal ou Teoria da Retroatividade das Leis – publicada em 1946) e Limongi França (Direito Intertemporal Brasileiro – Doutrina da Irretroatividade das Leis e do Direito Adquirido – primeira edição publicada em 1967).

[80] GABBA, C. F. *Teoria Della Retroattività Delle Leggi.* 3ª ed.Torino: Unione Tipografico-Editrice, 1891, 4 vols.

[81] ROUBIER, Paul. *Les Conflits de Lois Dans Le Temps – Théorie Dite de la Non-Rétroactivité des Lois.* Paris: Recueil Sirey, 1929. 2 tomos.

[82] *Apud* LIMONGI FRANÇA, R. *Direito Intertemporal Brasileiro – Doutrina da Irretroatividade das Leis e do Direito Adquirido.* 2ª ed. São Paulo: Revista dos Tribunais, 1968. p. 429.

[83] ROUBIER, Paul. Ob. cit., t. I, p. 378.

[84] Idem, p. 379.

afirma Roubier que as leis que dispõem acerca do primeiro momento (fase dinâmica) não podem, sem que com isso se apliquem retroativamente, alterar a eficácia ou ineficácia de um fato passado.[85]

Não obstante as divergências encontradas nos pensamentos dos citados juristas, para a análise que pretendemos realizar no presente estudo tanto a noção de direito adquirido quanto a de situação jurídica conduzirão a resultados semelhantes.

Inicialmente, cumpre salientar ser correta a assertiva de Maria Helena Diniz, ao afirmar que "não se podem aceitar a retroatividade e a irretroatividade como princípios absolutos".[86] Como refere a jurista, o direito pátrio prescreve que a nova norma em vigor tem efeito imediato e geral, respeitando sempre o ato jurídico perfeito, o direito adquirido e a coisa julgada. Esta é a lição da Constituição Federal (art. 5º, XXXVI) e da Lei de Introdução ao Código Civil (art. 6º, §§ 1º a 3º).

Mesmo antes da promulgação da Constituição Federal de 1988, mais especificamente em 1974, quando da entrada em vigor do atual Código de Processo Civil brasileiro, Galeno Lacerda ocupou-se precipuamente da análise do impacto do novo direito processual civil em relação aos *feitos pendentes*. Naquela ocasião, o jurista gaúcho delineou regras de direito transitório essenciais para a compreensão do fenômeno intertemporal.[87]

Com base na obra de Roubier, sustentou Lacerda que "quando a constituição (ou extinção) da situação jurídica se operou pela lei antiga, a ela será estranha a lei nova, salvo disposição retroativa, se permitida pelo sistema jurídico". Já quando a constituição ou extinção da situação jurídica estiver pendente, "a regra será a aplicação imediata, respeitado o período de vigência da lei anterior".[88]

Assim, temos que o novo Código Civil não poderá retroagir para atingir ato jurídico perfeito. Em outras palavras, não será aplicável para situações jurídicas já plenamente constituídas ou extintas antes de sua vigência. Semelhante solução adotou o Superior Tribunal de Jus-

---

[85] ROUBIER, Paul. Ob. cit., t. I, p. 380.

[86] DINIZ, Maria Helena. *Comentários ao Código Civil:* parte especial: disposições finais e transitórias, v. 22 (arts. 2.028 a 2.046). (coord: Antônio Junqueira de Azevedo). São Paulo: Saraiva, 2003, p. 5.

[87] LACERDA, Galeno. *O Novo direito processual civil e os feitos pendentes*. Rio de Janeiro: Forense, 1974.

[88] Idem, p. 12.

Estudos de Direito Intertemporal e Processo

57

tiça ao analisar a aplicação do Código de Defesa do Consumidor a contratos assinados anteriormente à sua vigência, como se denota da seguinte ementa:

> CIVIL. PROCESSUAL. LOCAÇÃO. DENÚNCIA VAZIA. CÓDIGO DO CONSUMI-DOR.
>
> *1. Correta a decisão que afastou a incidência do Código do Consumidor, o qual não pode alcançar contrato constituído antes de sua vigência, por força do princípio da irretroatividade.*
>
> *2. Recurso não conhecido.*[89]

Estendemos a conclusão da Corte Superior para afirmarmos que as conseqüências dos *atos ilícitos* praticados na vigência do Código de 1916 somente poderão ser aquelas outorgadas pelo diploma hoje revogado, seja no tocante aos critérios de aferição de responsabilidade civil, seja no tocante aos critérios de fixação de indenização.

Como afirma Diniz, referindo-se ao novel Código Civil, "preservar-se-ão situações, atos ou negócios jurídicos, e direitos preexistentes à Lei nº 10.406/2002, tornando-os eficazes diante das novas disposições, que só podem retroagir, em casos excepcionais, por força de disposição transitória, para trazer benefícios e jamais para lesar direitos formalizados".[90]

Estamos até agora, no entanto, tratando de situações jurídicas definidas *antes* da entrada em vigor do novo código civil; atos ou negócios jurídicos preexistentes à Lei 10.406/2002, para os quais, via de regra, esta é estranha. Quando tratamos, no entanto, de *processo*, devemos ter em mente uma seqüência de situações jurídicas distintas, que se formam e se entrelaçam na medida em que se caminha em direção à sentença, seja esta de mérito ou não.

Inspirado em Carnelutti, Galeno Lacerda define o processo como um feixe de relações jurídicas, e na combinação das idéias do jurista italiano e de Roubier, acaba propugnando pela existência de chamados *direitos adquiridos processuais*. Existiriam "direitos adquiridos à defesa, à prova, ao recurso, como existem direitos adquiridos ao estado, à posse, ao domínio".[91] Conclui-se, assim, que a lei nova (e aqui

---

[89] Recurso Especial nº 38639-0 – SP, Rel. Ministro Edson Vidigal. J. em 13 de abril de 1994.

[90] DINIZ, Maria Helena. *Comentários ao Código Civil: parte especial: disposições finais e transitórias, v. 22 (arts. 2.028 a 2.046).* (coord: Antônio Junqueira de Azevedo). São Paulo: Saraiva, 2003, p. 29.

[91] LACERDA, Galeno. *O Novo direito processual civil e os feitos pendentes.* Rio de Janeiro: Forense, 1974, p. 13.

incluímos o novo Código Civil) não poderá atingir aquelas *situações processuais*[92] que, sob a égide da lei anterior, já foram *constituídas* ou *extintas*.

É preciso, assim, que na análise da aplicabilidade de uma nova legislação aos processos pendentes, atente-se para o *sistema de isolamento dos atos processuais*, adotado pelo ordenamento jurídico brasileiro. A lei nova não atinge os atos processuais já praticados, mas será aplicável aos atos processuais que ainda não foram praticados, e que puderem ser perfeitamente isolados dos anteriores. Veja-se, neste particular, o que decidiu o 2º Tribunal de Alçada de São Paulo:

LEI – EFICÁCIA NO TEMPO – ATOS PROCESSUAIS JÁ PRATICADOS E SEUS EFEITOS – INATINGIBILIDADE – EXEGESE DO ART. 20 DO CPP E ART. 1.211 DO CPC – O direito brasileiro, quanto à eficácia da lei processual no tempo, adotou o sistema do isolamento dos atos processuais, no qual a lei nova não atinge os atos processuais já praticados, nem seus efeitos, mas se aplica aos atos processuais a praticar, sem limitações, relativas às chamadas fases processuais, consoante o disposto no art. 2º do CPP e no art. 1.211 do CPC.[93]

Assim, podemos isolar diversos momentos distintos do processo (ajuizamento da ação, citação, apresentação de contestação, designação de audiência, produção de provas pericial, documental e testemunhal, sentença, recurso de apelação etc.) e, a cada um deles, aplicar a lei vigente à época de sua realização, sem necessário apego à lei vigente na data da propositura da ação.

Conclui-se, assim, que o fato de já ter sido proposta determinada ação não significa, de sobremaneira, que os atos praticados no processo estarão completamente imunes à nova lei civil. Isolando-se os atos processuais, todos aqueles que ainda não foram praticados o serão sob a égide da nova lei, respeitando-se, evidentemente, os efeitos dos atos anteriormente praticados. Vejamos, assim, algumas alterações que, trazidas no novo Código Civil brasileiro, poderão impactar os processos pendentes.

---

[92] Aqui, a influência de Roubier se faz sentir, pois a noção de *situação processual* aproxima-se àquela de *situação jurídica*.

[93] 2º Tribunal de Alçada de São Paulo – MS 335.729-9-00 – 3ª Câmara – Rel. Juiz Oswaldo Breviglieri – J. 18.02.1992. *in* JTACSP 138/531.

Estudos de Direito Intertemporal e Processo

4. Algumas inovações do novo Código Civil

4.1. Capacidade civil

Uma das mudanças mais nítidas do novo Código Civil brasileiro diz com a diminuição, de 21 para 18 anos, da idade para se atingir a maioridade civil plena (art. 5°). A capacidade civil, como bem salienta Tesheiner, está vinculada diretamente à capacidade processual, pressuposto processual relativo às partes:

> A capacidade processual vincula-se ao que no direito civil se denomina capacidade de fato ou de exercício. Têm essa capacidade aqueles que podem, por si mesmos, praticar os atos da vida civil. No campo do processo, tem capacidade processual quem pode praticar atos processuais, independentemente de representação ou assistência de pai, mão, tutor ou curador.[94]

Galeno Lacerda sustenta que "em direito transitório vigora a regra de que as condições da ação e a capacidade processual se regem pela lei da data da ação", afirmando, ainda, não ser possível "a convalidação das ações em andamento, propostas pelas sociedades sem personalidade sob a vigência da lei antiga".[95] A conclusão imediata que poderia ser extraída de tais ensinamentos é a de que o novo Código Civil, que altera a idade para se atingir a maioridade civil plena, não teria qualquer influência sobre ações em andamento.

Ousamos discordar desta assertiva. As conseqüências, para os processos pendentes, da alteração da idade para o alcance da maioridade civil plena, serão diferentes à medida que a parte então relativamente incapaz e agora plenamente capaz estiver no pólo ativo ou passivo da demanda.

---

[94] TESHEINER, José Maria Rosa. *Pressupostos processuais e nulidades no processo civil.* São Paulo: Saraiva, 2000, p. 60.

[95] LACERDA, Galeno. *O Novo direito processual civil e os feitos pendentes.* Rio de Janeiro: Forense, 1974, p. 33.

Estando no *pólo ativo* da demanda parte relativamente incapaz, e não sendo sanado o vício (a oportunidade para sanação encontra-se no artigo 13, *caput* do CPC), decreta-se a nulidade do processo (art. 13, I, do CPC). Entretanto, se ainda não tiver sido decretada a nulidade do processo (que se dá mediante a sua extinção por meio de *sentença*, sem julgamento do mérito, forte no artigo 267, IV do CPC), é perfeitamente sanada a incapacidade relativa com a superveniência do novo Código Civil, caso a parte autora reitere seu interesse em prosseguir na demanda. Poderá o juiz exigir do advogado uma nova procuração, caso a anterior tenha sido outorgada por parte relativamente incapaz sem assistência, visto que o mandato judicial, como ato jurídico perfeito e acabado, realizou-se sob a vigência da lei anterior. No entanto, extinguir-se o feito sem julgamento do mérito soa-nos como manifesto atentado à instrumentalidade do processo e à economia processual.

A jurisprudência, ademais, tem entendido, aplicando o artigo 13 do CPC, que atos praticados por advogado cujo exercício da advocacia estava limitado poderão ser convalidados se tais limites desaparecerem antes da decisão decretando a anulação do feito:

> A norma do art. 13, CPC, que se ocupa, não só da capacidade processual e regularidade de representação das partes, mas também da capacidade postulatória, obsta a declaração de inexistência do ato (praticado com defeito de representação) sem prévia oportunidade de sanação do defeito. Se o óbice desapareceu antes mesmo de noticiada nos autos a condição limitadora do exercício da advocacia pelo patrono da parte, convalidam-se os atos por ele praticados.[96]

Mutatis mutandis, entendemos serem as conclusões da ementa acima transcrita aplicáveis à problemática ora proposta. Ademais, a

---

[96] Agravo de Instrumento nº 70000965434, Nona Câmara Cível, Tribunal de Justiça do RS, Relator: Des. Mara Larsen Chechi, julgado em 09/08/00. O STJ, de mais a mais, tem seguido a mesma linha, reconhecendo a possibilidade de convalidação: "CIVIL E PROCESSUAL. AÇÃO DECLARATÓRIA. APRESENTAÇÃO DO INSTRUMENTO DE MANDATO APÓS A CONTESTAÇÃO. NÃO RECEBIMENTO NAS INSTÂNCIAS ORDINÁRIAS. INEXISTÊNCIA DOS ATOS PRATICADOS DECLARADA PELO TRIBUNAL A QUO. POSSIBILIDADE DE CONVALIDAÇÃO DA FALTA PELA JUNTADA DA PROCURAÇÃO. APROVEITAMENTO DOS ATOS PROCESSUAIS. CPC, ARTS. 13 E 37. I. A jurisprudência do Superior Tribunal de Justiça é assente em admitir a juntada do instrumento procuratório perante as instâncias ordinárias, desde que observada a regra do art. 37 do CPC, após a intimação da parte para suprir a falta. II. Caso em que a contestação foi desentranhada, tendo em vista que juntada a procuração após a sua apresentação, sem que para isso, todavia, fosse instada a ré pelo Juízo, restando, assim, convalidados os atos até então por ela praticados, pelo que equivocou-se a C. Corte a quo ao dar por inexistentes os mesmos. III. Recurso especial conhecido e provido." (REsp 431.192/SP, Rel. Ministro ALDIR PASSARINHO JUNIOR, QUARTA TURMA, julgado em 24.09.2002, DJ 02.12.2002 p. 317)

Estudos de Direito Intertemporal e Processo

conclusão a que chegamos não iria de encontro aos interesses do antes relativamente incapaz. Pelo contrário, beneficiá-lo-ia, ante a sua reiteração de interesse em prosseguir na demanda.

O caso oposto merece análise distinta. Estando no *pólo passivo* da demanda o relativamente incapaz, "ele e quem o assista hão de ser citados, sob pena de nulidade da citação".[97] Tendo somente o relativamente incapaz recebido citação e, após, entrado em vigor o novo Código Civil, não vemos como *convalidar* o ato citatório anterior. Isto porque o ato citatório, *ato consumado*, foi integralmente realizado, constituído, sob a égide da lei anterior. A doutrina é uníssona ao afirmar que "as condições de validade, as formas dos atos e os meios de prova dos atos jurídicos deverão ser apreciados de conformidade com a lei em vigor, no tempo em que eles se realizaram".[98]

Presume-se que a citação nula veio em prejuízo do relativamente incapaz, pelo que não poderia convalidar-se.

É evidente, no entanto, que comparecendo aos autos o antes relativamente incapaz, *após* a vigência do novo Código Civil (ou seja, quando já adquiriu a capacidade plena), para contestar a ação, supre-se a falta de citação, nos termos do artigo 214, § 1º, do CPC.

4.2. A *disregard doctrine*

Já reconhecida pela doutrina e pela jurisprudência, a desconsideração da personalidade jurídica, que permite estender aos bens dos particulares os efeitos de certas obrigações das pessoas jurídicas, foi expressamente prevista no artigo 50 do novo Código Civil. Não havia artigo correspondente no Código de 1916.[99]

Por já ser aplicada em casos semelhantes ao que prevê o novo Código Civil, não haverá maiores implicações de direito intertemporal nesta novidade legislativa. Atente-se apenas para a possibilidade de aplicação *imediata* do próprio *dispositivo* nos processos em curso, instaurados antes da vigência da nova codificação. Trata-se de um

---

[97] TESHEINER, José Maria Rosa. *Pressupostos processuais e nulidades no processo civil.* São Paulo: Saraiva, 2000, p. 66.

[98] DINIZ, Maria Helena. *Comentários ao Código Civil*: parte especial: disposições finais e transitórias, v. 22 (arts. 2.028 a 2.046). (coord: Antônio Junqueira de Azevedo). São Paulo: Saraiva, 2003, p. 28.

[99] Neste sentido: ALVES, Jones Figueiredo e outro. *Novo Código Civil – Lei nº 10.406 de 10 de janeiro de 2002 – confrontado com o Código Civil de 1916.* São Paulo: Editora Método, 2002, p. 146.

poder que é expressamente outorgado ao juiz (condicionado à provocação da parte ou do Ministério Público), e cuja utilização não atingirá situações processuais *já constituídas* ou *direitos processuais adquiridos*, mas, sim, implicará a constituição de *novas* situações jurídicas, já sob o abrigo da nova lei (o *ato* judicial que desconsiderar a personalidade jurídica será praticado ao abrigo da nova lei).

A importância de se aplicar o novo *dispositivo legal* (a despeito de os juízes já exercerem os poderes nele contidos) guarda relevância se pensarmos na possibilidade de interposição de Recurso Especial por violação, negativa de vigência ou interpretação divergente do artigo 50 do novo Código Civil, mesmo em processos instaurados antes de sua entrada em vigor.

4.3. O domicílio

O novo Código Civil alterou as disposições acerca do domicílio, para *i)* retirar o "centro de ocupações habituais" da pessoa como domicílio (art. 71) e *ii)* quanto às relações concernentes à profissão, estabelecer também como domicílio o lugar onde a profissão é exercida (art. 72).

Tais disposições refletem na regra de competência territorial e, portanto, de regra,[100] *relativa*. Não terão o condão, assim, de alterar a competência para processo já em curso, como permite-nos concluir a lição de Galeno Lacerda, *verbis*:

> Isto significa que, se a lei velha tutela determinado interesse, por exemplo, o do réu quanto a ser demandado no foro do seu domicílio, não pode a lei nova, sem ofensa a direito adquirido, alterar, para os processos em curso, a disciplina já consolidada da competência relativa, salvo se opuser, contra esta, regra de competência absoluta. (...) Nestas condições, as novas regras, na parte referida, não vigoram para os processos atualmente em andamento, os quais deverão prosseguir nos respectivos juízos.[101]

Tal entendimento decorre do princípio da *perpetuatio iurisdictionis*, contido no artigo 87 do CPC,[102] que impõe seja determinada a

---

[100] A exceção se dá quando se trata do foro de situação dos bens imóveis em ações reais sobre eles.

[101] LACERDA, Galeno. *O Novo direito processual civil e os feitos pendentes*. Rio de Janeiro: Forense, 1974, p. 18.

[102] Como salienta OVÍDIO A. BAPTISTA DA SILVA, o conjunto das prescrições dos artigos 42, 87 e 264 do CPC é que forma o princípio da *perpetuatio iurisdictionis*. *In* SILVA, Ovídio A. Baptista da. *Comentários ao Código de Processo Civil, v. 1: do processo de conhecimento, arts. 1º a 100*. São Paulo: Revista dos Tribunais, 2000, p. 400.

competência no momento em que a ação é proposta, sendo irrelevantes as modificações do estado de fato ou de direito ocorridas posteriormente, salvo quando suprimirem o órgão judiciário ou alterarem a competência em razão da matéria ou hierarquia (competência absoluta). A competência territorial (relativa), portanto, está fora da exceção ao mencionado princípio.

Frise-se, ademais, que não impugnada, através de exceção, a incompetência relativa do juiz, prorroga-se a sua competência, forte no artigo 114 do CPC.[103]

É evidente, no entanto, a possibilidade de, não tendo havido ainda a citação do réu, desistir o autor da ação (art. 267, § 4º)[104] e promovê-la, por exemplo, no local de exercício da profissão do demandado, algo que, antes, lhe era, em princípio, vedado.

4.4. Dos negócios jurídicos

As regras que tratam dos negócios jurídicos encerram preceitos de ordem material e, portanto, *via de regra*, não trazem impactos diretos em processos pendentes. Adotamos a decisão, já citada, do STJ, para quem aos contratos firmados antes da vigência da nova codificação, esta não se aplica (vide item 3, *retro*).

É curial salientar que "o vínculo obrigacional é regulado pela norma em cujo domínio foi constituído, respeitando-se os direitos dele oriundos".[105]

Frisamos, apenas, o entendimento de que muitas das alterações ocorridas nesta matéria, como, por exemplo, a admissão do silêncio como manifestação de vontade (art. 111), bem como a subsistência da vontade manifestada mesmo diante de reserva mental (art. 110), ou o próprio instituto da lesão (art. 157) já decorriam de interpretação sistemática dos princípios que regem o ordenamento jurídico brasileiro desde antes da promulgação do novo Código Civil.

---

[103] MARINONI, Luiz Guilherme e outro. *Manual do Processo de Conhecimento – A tutela jurisdicional através do processo de conhecimento.* 2ª ed. São Paulo: Revista dos Tribunais, 2003, p.48.

[104] LACERDA, Galeno. *O Novo direito processual civil e os feitos pendentes.* Rio de Janeiro: Forense, 1974, p. 19.

[105] DINIZ, Maria Helena. *Comentários ao Código Civil*: parte especial: disposições finais e transitórias, v. 22 (arts. 2.028 a 2.046). (coord: Antônio Junqueira de Azevedo). São Paulo: Saraiva, 2003, p. 28.

Não vemos, no entanto, como possa a parte, em processo já instaurado, alterar a causa de pedir, incluindo nesta alegações de incidência da nova codificação. Toda e qualquer argüição desta matéria terá como base as construções jurisprudenciais e doutrinárias anteriores, mas, de forma alguma, os dispositivos do novo Código Civil. Tal aspecto assume maior relevância em razão da conseqüente *impossibilidade* de veiculação de recurso especial, nos casos já referidos anteriormente.

Interessante notar que o novo Código Civil ampliou a legitimidade para a propositura da ação pauliana (que visa a anulação de negócios jurídicos praticados em fraude a credores), autorizando não apenas os credores quirografários a propô-la, como também aos credores cuja garantia se tornar insuficiente (art. 158, § 1º). Para processo em curso, já ajuizado por esta última espécie de credor anteriormente à entrada em vigor do novo Código Civil, não vemos salvação. Aqui, parece-nos aplicável plenamente a lição de Galeno Lacerda, para quem as condições da ação (dentre elas, a legitimidade processual) regem-se pela data de propositura da demanda.[106]

Problema maior será determinar se, uma vez extinto o processo sem julgamento do mérito, poderá o credor com garantia insuficiente propor nova ação, com base no artigo 158, § 1º, do novo Código Civil. Inclinamo-nos pela resposta negativa. Isto porque, à data da prática dos atos que se visa anular, os referidos negócios jurídicos eram imunes à impugnação da espécie de credor em comento. Pode-se dizer até mesmo que sequer constituíam fraude a credores, na definição do Código Civil então vigente (veja-se que a fraude a credores era aquela praticada contra credores quirografários, tão-somente). Não poderá a lei retroagir para tornar anuláveis atos que não o eram na vigência da lei anterior.

Já com relação à chamada *função social do contrato*, cremos que em uma ação judicial em curso não poderá haver alteração da causa de pedir para se incluir nesta a alegação de descumprimento da função social do contrato (art. 421). Em primeiro lugar, em razão de o CPC prever expressamente a impossibilidade de alteração da causa de pedir, após a citação, sem a anuência do réu (art. 264, CPC), e em qualquer caso, após o saneamento do processo (art. 264, parágrafo único, CPC).

---

[106] LACERDA, Galeno. *O Novo direito processual civil e os feitos pendentes.* Rio de Janeiro: Forense, 1974, p. 33.

Estudos de Direito Intertemporal e Processo

Em segundo lugar, em razão de que a norma contida no artigo 421 é limitadora da liberdade de contratar, como seu próprio texto indica: "A liberdade de contratar será exercida em razão e nos limites da função social do contrato". Tal *limitação*, por sua própria natureza, não poderá retroagir, visto que, em o fazendo, estará violando ato jurídico perfeito e direitos adquiridos. Como já afirmamos anteriormente, os vínculos obrigacionais regem-se pela lei vigente à época de sua formação, o que afastaria de plano a incidência do dispositivo do novo Código Civil sobre situações pretéritas.

É bem verdade que o novo Código Civil estabelece, no parágrafo único de seu artigo 2.035, que "nenhuma convenção prevalecerá se contrariar preceitos de ordem pública, tais como os estabelecidos por este Código para assegurar a função social da propriedade e dos contratos". Não vemos, no entanto, como fazer retroagir tais disposições para anular atos jurídicos perfeitos realizados sob a égide do Código de 1916. De qualquer forma, o óbice processual (impossibilidade de alteração da causa de pedir) parece-nos suficiente para inviabilizar a aplicação do artigo 421 do novo Código Civil aos feitos pendentes.

Entretanto, as mesmas regras de irretroatividade *não* são aplicáveis em se tratando de normas *interpretativas* trazidas pelo novo Código Civil, salvo quando tais normas, justamente por não serem *meramente* interpretativas, acabem criando *novos direitos*. Noticiam-se na doutrina decisões tanto no sentido de que as leis interpretativas *são* retroativas por serem consideradas vigentes desde a promulgação da lei interpretada, como em sentido contrário, entendendo que a lei interpretativa, por ser nova lei que altera a antiga, cria direito novo, não podendo ter, por esta razão, efeito retroativo.[107]

Entendemos, no entanto, que normas como a contida no artigo 423 do novo Código Civil, acerca da interpretação dos contratos de adesão,[108] poderão ser *imediatamente* aplicadas, mesmo que em processos em curso, visto que constituem verdadeiras *guidelines*, diretrizes para a interpretação do juiz acerca dos instrumentos contratuais submetidos à sua apreciação.

---

[107] DINIZ, Maria Helena. *Comentários ao Código Civil*: parte especial: disposições finais e transitórias, v. 22 (arts. 2.028 a 2.046). (coord: Antônio Junqueira de Azevedo). São Paulo: Saraiva, 2003, p. 27.

[108] Art. 423. Quando houver no contrato de adesão cláusula ambíguas ou contraditórias, dever-se-á adotar a interpretação mais favorável ao aderente.

4.5. Dos atos ilícitos

A ilicitude de um dado ato somente pode ser determinada pela lei da época em que aquele foi praticado. Isso decorre da garantia insculpida no artigo 5º, inciso II, da Constituição Federal. O ato que era lícito sob a vigência do Código anterior não sofre a incidência do novo Código para torná-lo ilícito. O contrário também é verdadeiro. A conduta "abonada" por nova lei material não tem o condão de retirar o caráter ilícito de conduta anterior (salvo em direito penal, no qual a regra é que a lei retroagirá sempre para beneficiar o réu).

Assim, processos instaurados por conduta lícita ou ilícita, na vigência do Código de 1916, não sofrerão impacto algum da nova codificação.

Problemática maior será com relação às regras de fixação de indenização por ato ilícito, que serão abordadas quando tratarmos da responsabilidade civil.

4.6. Das obrigações

Interessante alteração trazida pelo novo Código Civil está em seu artigo 389, que prevê automaticamente a incidência de correção monetária e juros nas perdas e danos, além de *honorários advocatícios*. O código anterior impunha somente o pagamento das perdas e danos.

Hoje, sabidamente, instaurada ação que vise à condenação ao pagamento de quantia certa correspondente a perdas e danos, aplica-se não apenas a correção monetária e juros como, também, honorários advocatícios. Estes, no entanto, não serão devidos, por exemplo, nas ações movidas com base na Lei 9.099/95 (salvo se houver recurso da parte perdedora e este for improvido), bem como no pronto pagamento da obrigação na ação monitória.

Concluímos, pela leitura do novo Código Civil, que poderá o credor de perdas e danos incluir, nas demandas a serem futuramente ajuizadas, mesmo nos chamados juizados especiais (não obstante o artigo 55, *caput*, da Lei 9.099/95), desde que dentro de parâmetros de razoabilidade, o valor referente a honorários advocatícios, caso a obrigação tenha surgido sob a égide do novo Código. Tal valor será deferido como parte integrante da indenização devida por descumprimento da obrigação, e nunca como honorários *sucumbenciais*.

Com relação a processos *em curso*, parece claro que o mencionado artigo 389 não se aplica, em razão de preceitos de direito intertemporal já mencionados (o vínculo obrigacional é regulado pela norma em cujo domínio foi constituído), bem como pela impossibilidade de alteração do pedido, disposta no artigo 264, *caput* e parágrafo único, do CPC.

O novo Código Civil trouxe também importante alteração relativa à taxa de juros aplicável na ausência de previsão legal. Assim dispõe o artigo 406 do referido diploma legal:

> Quando os juros moratórios não forem convencionados, ou o forem sem taxa estipulada, ou quando provierem de determinação da lei, serão fixados segundo a taxa que estiver em vigor para a mora do pagamento de impostos devidos à Fazenda Nacional.

O referido artigo remete-nos à taxa SELIC (artigo 30 da Lei nº 10.522/02), cuja incidência sobre tributos não-pagos, no entanto, vem sendo considerada ilegal pelo Superior Tribunal de Justiça (veja-se, neste particular, REsp 291.257/SC e REsp 215.881/PR). A taxa SELIC é de, aproximadamente, 25,38% ao ano.[109]

Afastada a aplicabilidade da SELIC, o novo Código determinará a incidência de taxa de juros de 1% ao mês, como prevê o artigo 161, § 1º, do Código Tributário Nacional. Esta é a conclusão do Centro de Estudos Judiciários do Conselho de Justiça Federal, *verbis*:

> Enunciado 20 – Art. 406: a taxa de juros moratórios a que se refere o art. 406 é a do art. 161, § 1º, do Código Tributário Nacional, ou seja, 1% (um por cento) ao mês.

É importante notar que, seja qual for o índice adotado, será maior do que o atual índice de juros legais de 6% ao ano (previsto nos artigos 1.062 e 1.063 do Código Civil de 1916). Qual, então, o reflexo da nova lei aos feitos pendentes?

Se já houve sentença, constituindo título de executivo com taxa fixa de juros de 6% ao ano, não vemos como possa ela ser alterada por força da nova lei. A sentença é ato jurídico perfeito e, transitada em julgado, adquire ainda a qualidade da coisa julgada material. Como bem se vê, estão aqui presentes duas vedações constitucionais à retroatividade da nova lei.

Entretanto, para processos pendentes, anteriormente à sentença, propugnamos pela imediata aplicabilidade de novo índice de juros de mora, a partir da entrada em vigor do novo Código Civil. Ora, os juros

---

[109] A taxa SELIC mudou substancialmente após a elaboração deste ensaio. De qualquer forma, pacificou-se a jurisprudência pela aplicação, a partir da entrada em vigor do novo Código Civil, da taxa de juros de 1% ao mês, portanto, desvinculada da SELIC.

de mora punem esta conduta do devedor, reiterada *dia a dia*, desde a citação válida (art. 219 do CPC). Assim, a aplicação imediata dos novos juros de mora não constituirá retroação da nova lei, desde que, para o período anterior à entrada em vigor do novo Código Civil, se utilize o índice então vigente.

Exemplificando: o demandado, citado no ano de 2000 para pagar ao autor indenização no montante de R$ 10.000,00, não o faz. Sobrevindo sentença somente em abril de 2003, poderá o juiz determinar que se apliquem juros legais de 6% ao ano (CC 1916) até 11 de janeiro de 2003 e, após esta data, até o efetivo pagamento, juros de 12% ao ano (CC 2002).

4.7. Da responsabilidade civil

Importante questão a ser analisada diz respeito à possibilidade de aplicação da regra de responsabilidade objetiva insculpida no parágrafo único do artigo 927 do novo Código Civil. Como bem refere Carlos Roberto Gonçalves, "a mais relevante inovação do Código Civil de 2002, no que tange à responsabilidade civil, foi introduzida no parágrafo único do art. 927, *verbis*: 'Haverá obrigação de reparar o dano, independentemente de culpa, nos casos especificados em lei, ou quando a atividade normalmente desenvolvida pelo autor do dano implicar, por sua natureza, risco para os direitos de outrem'".[110]

Parece-nos claro que, ajuizada a ação com base na responsabilidade *aquiliana*, inviável torna-se a transmudação da causa de pedir, sem a anuência da parte adversa (e independentemente desta, após o saneamento do processo), para se incluir a novel tese de responsabilidade objetiva. Diga-se de passagem, é até mesmo difícil de aceitar a aplicação da nova disposição legal para situações anteriores à sua introdução no ordenamento jurídico brasileiro, mesmo que não tenha sido ajuizada a ação pelo interessado. O mesmo vale para a responsabilidade objetiva por ato de terceiro, prevista no artigo 933 do novo Código Civil brasileiro, para os casos em que antes se falava em responsabilidade com base na culpa, ainda que presumida. Em tais situações, a lei retroagiria para tornar objetivamente responsável aquele que, comprovada a ausência de culpa, não o seria pela lei anterior. Em outras palavras, dar-se-ia a retroatividade para tornar responsável

---

[110] GONÇALVES, Carlos Roberto. *Principais Inovações no Código Civil de 2002: breves comentários*. São Paulo: Saraiva, 2002, p. 51.

Estudos de Direito Intertemporal e Processo

alguém irresponsável pela lei anterior, o que, salvo melhor juízo, implicaria evidente inconstitucionalidade.

Diferente questão se coloca quando se trata da *quantificação* da indenização decorrente da responsabilidade civil. O novo Código Civil brasileiro prevê critérios para a fixação da indenização em reparação civil. Estabelece como regra geral, em seu artigo 944, que a indenização se mede pela extensão do dano, podendo ser reduzida (art. 944, parágrafo único), se houver excessiva desproporção entre a gravidade da culpa e o dano. Prevê ainda o novo Código, em seu artigo 945, a possibilidade de redução da indenização quando houver concorrência culposa da vítima para o evento danoso.

Os preceitos contidos na nova lei, embora não possuam correspondentes no Código revogado, já vinham em grande parte sendo utilizados por construção jurisprudencial. Isto, no entanto, não significa dizer que os novos *dispositivos* legais poderão vir à baila em processos instaurados sob a égide da lei anterior. Ao fixar indenização para ato praticado sob a vigência de determinada lei, é esta que deve embasar tal arbitramento, em razão do que já foi exposto em itens anteriores.

4.8. Da prova

Como bem refere Humberto Theodoro Júnior, "a prova é um daqueles temas que não se circunscrevem a um só ramo do direito. Dela tem de cuidar o direito material, para disciplinar sobretudo os problemas da forma do ato jurídico em sentido lato. Dela também tem de ocupar-se o direito processual, porque é por meio dela que se conhecem, em juízo, os fatos relevantes para solução dos litígios em torno dos contratos e obrigações em geral".[111]

Entretanto, é o próprio processualista quem distingue, claramente, a diferença entre prova propriamente dita e *meio de prova*.[112] Quando se fala em prova documental, testemunhal ou pericial, se está a fazer referência ao *meio de prova*. A *prova* é o que, efetivamente, conduz o juiz a se convencer da verdade acerca de um fato.[113]

---

[111] THEODORO JÚNIOR, Humberto. *Comentários ao novo Código Civil, volume 3, t. 2: Dos defeitos do negócio jurídico ao final do livro III.* Rio de Janeiro: Forense, 2003, p. 385.

[112] Idem, p. 381.

[113] Ou, de forma mais apropriada, é o que permite ao juiz convencer-se da maior probabilidade acerca da versão fática trazida por uma das partes.

Como referimos anteriormente, o processo civil pode ser caracterizado por uma série de atos concatenados em direção à sentença. Nesta senda, a lei nova poderá ser aplicada a todos os *atos processuais*, de caráter instrumental, que forem sendo praticados após a sua entrada em vigor, não obstante tenha o processo sido iniciado sob a vigência da lei antiga.

Assim, meios de prova *criados* pelo novo Código Civil poderão ser utilizados em processos em curso. Por outro lado, meios de prova *vedados* pelo novo Código não mais serão admitidos. Vejamos exemplos:

O artigo 223 dispõe que a cópia fotográfica de documento, conferida por tabelião de notas, valerá como prova da declaração de vontade, salvo ser for impugnada a sua autenticidade, quando então deverá ser exibido o original. Já o artigo 222 dispõe que o telegrama, quando contestada a sua autenticidade, fará prova mediante a conferência com o original assinado. Por fim, o artigo 225 dispõe que as reproduções fotográficas, cinematográficas, os registros fonográficos e, em geral, quaisquer outras reproduções mecânicas ou eletrônicas de fatos ou de coisas fazem prova plena destas, se a parte, contra quem forem exibidos, não lhes impugnar a exatidão.

O que estes dispositivos têm em comum é o fato de, *a contrario sensu*, impedirem a exigência prévia, pelo juiz, da exibição de originais ou, nos últimos casos, até mesmo da autenticação dos documentos. Caberá à outra parte impugnar o meio de prova utilizado, sob pena de ele vir a ser aceito no processo.

Já o artigo 230 do novo Código Civil dispõe que as presunções, que não as legais, não se admitem nos casos em que a lei exclui a prova testemunhal (ou seja, descabe a *presunção simples*,[114] por exemplo, para provar negócios jurídicos de valor superior a dez salários mínimos, em face da restrição do artigo 227 do novo Código Civil). Trata-se de limitação do meio de prova consubstanciado na *presunção simples*, e aplicável mesmo a processos em curso.

A admissão de um meio de prova específico se dá no curso do processo, em diversos momentos. Assim, exigindo o juiz, *de ofício*,

---

114 Tal presunção, segundo Theodoro Júnior, "não decorre da lei, mas da experiência da vida, que o juiz utiliza com prudência, baseando-se no que comumente acontece a partir de determinados eventos". THEODORO JÚNIOR, Humberto. *Comentários ao novo Código Civil, volume 3, t. 2: Dos defeitos do negócio jurídico ao final do livro III*. Rio de Janeiro: Forense, 2003, p. 560.

apresentação de documento original tal qual aqueles previstos no mencionado art. 225, e, *após*, sobrevindo o novo código civil, poderá a parte, antes da sentença, propugnar pela inexigibilidade de tal documentação original e pela admissão, como meio de prova, das reproduções ou registros antes apresentados.

Já a *presunção* de que ora tratamos se dá em sentença. É na sentença que o juiz manifestará sua convicção definitiva acerca dos fatos narrados no processo. Assim, é a lei do momento da prolação da sentença que regulará a possibilidade da *presunção simples*, ora vedada em alguns casos pelo artigo 230 do Código Civil.

O artigo 231 traz disposição inovadora que, no entanto, já vinha sendo aplicada por força de entendimento jurisprudencial. Dispõe o referido artigo que "aquele que se nega a submeter-se a exame médico necessário não poderá aproveitar-se de sua recusa". O artigo 232 complementa a regra referida, ao dispor que "a recusa à perícia médica ordenada pelo juiz poderá suprir a prova que se pretendia obter com o exame". O alvo dos referidos dispositivos é claramente as ações de investigação de paternidade, nas quais não raro se negam os supostos pais a se submeterem ao exame de DNA. Não se trata, no entanto, da criação de uma presunção legal absoluta. Segundo refere Humberto Theodoro Júnior, o que se autoriza no artigo 232 é "o uso da circunstância de ter a parte se recusado ao exame pericial médico como uma presunção, cuja valoração ao deve se dar à luz isoladamente da própria recusa, mas em cotejo com o quadro geral dos elementos de convicção disponíveis no processo. Se nada mais se produziu como prova direta ou indireta do alegado na inicial, não será razoável nem aconselhável uma sentença de procedência da demanda fundada exclusivamente no gesto processual do réu".[115]

Entendemos que se aplica imediatamente o dispositivo aos processos em curso, desde que ainda não tenha sido proferida a sentença. Trata-se, como visto, de regra que estabelece presunção (embora não absoluta), e tal presunção dar-se-á no momento processual da sentença, em que o juiz apresentará as razões do seu convencimento.[116]

---

[115] THEODORO JÚNIOR, Humberto. *Comentários ao novo Código Civil, volume 3, t. 2: Dos defeitos do negócio jurídico ao final do livro III*. Rio de Janeiro: Forense, 2003, p. 573.

[116] Não pode, todavia, o réu ser surpreendido com a referida presunção, sem que lhe seja oportunizada a submissão ao exame pericial em referência já sob a égide da lei nova. Do contrário, estar-se-á criando um ônus ao demandado de forma retroativa.

4.9. Da prescrição

Não se mostra essencial ao presente trabalho a análise completa do artigo 2.028 do novo Código Civil, que trata justamente da aplicação dos novos prazos prescricionais para situações pretéritas.

Para a prescrição, *especificamente no tocante aos processos em curso*, adotamos o posicionamento do Supremo Tribunal Federal, para quem os prazos prescricionais já *interrompidos* pelo ajuizamento de ações não restam atingidos pela nova disposição legal que os reduza ou os amplie. Neste particular, vejam-se os Recursos Extraordinários 53.919-RS e 74.135-SP. Neste, é inclusive mencionada a Súmula 445 do STF, que, dispondo sobre a redução dos prazos prescricionais de 30 (trinta) para 20 (vinte) anos, assim estabeleceu:

> A Lei nº 2.437, de 7.3.1955, que reduz prazo prescricional, é aplicável às prescrições em curso na data de sua vigência (1.1.1956), salvo quanto aos processos então pendentes.

Veja-se que, pendente processo (e, portanto, interrompida a prescrição), mantêm-se as regras prescricionais anteriores (aquelas vigentes à data da interrupção).[117]

Entendemos, ademais, que o ato de *interrupção* da prescrição é ato jurídico perfeito e, portanto, inalcançável pela nova lei (art. 5º, XXXVI, Constituição Federal e art. 6º, *caput* e § 1º da Lei de Introdução ao Código Civil).

4.10. Das ações possessórias

Houve alterações no capítulo da lei material que trata dos *efeitos da posse*. Podemos citar, por exemplo, o fato de o novo Código Civil não ter repetido a lição da parte final do artigo 505 do Código anterior.

Dispunha o artigo 505 do Código Civil de 1916 que não obstava à manutenção ou reintegração da posse a alegação de domínio, ou de outro direito sobre a coisa. Entretanto, dispunha o mesmo dispositivo (*in fine*) que não se deveria julgar a posse em favor daquele a quem *evidentemente não pertencer o domínio*.

---

[117] É claro que, em relação à eventual prescrição *intercorrente* em curso, não se aplica o entendimento e questão, pois não resta aquela interrompida pelo processo. Sendo assim, aplicar-se-á à prescrição intercorrente, como a qualquer outro prazo prescricional não interrompido, o artigo 2.028 do novo Código Civil.

Estudos de Direito Intertemporal e Processo

Com isto, abria-se, segundo alguns, a possibilidade da veiculação da chamada *exceptio domini* (exceção de domínio) nas ações possessórias,[118] muito embora autorizada doutrina,[119] à qual nos filiamos, reconhecesse ter sido revogada tal disposição pelo artigo 923 do CPC, com a alteração introduzida pela Lei 6.820/80 (lei esta que, justamente, suprimiu a exceção de domínio prevista no dispositivo processual em sua redação anterior).

Hoje, resta superada a discussão acerca do tema, visto que somente a primeira parte do artigo 505 do Código de 1916 foi reprisada no § 2º do artigo 1.210 do novo diploma substancial.

Com relação aos processos em curso, é essencial salientar que a regra contida no revogado artigo 505, acerca da *exceptio domini*, continha na realidade uma *proibição* ao magistrado de decidir a questão possessória em favor daquele a quem evidentemente não pertencesse o domínio.[120] Esta *proibição* foi extinta pelo novo Código Civil e, portanto, não mais prevalece, mesmo para os processos em curso, nos quais ainda não tenha sido proferida sentença. Nenhuma vedação legal persiste, assim, para que se julgue a posse em favor daquele a quem evidentemente não pertencer o domínio.

4.11. O artigo 2.043 do novo Código Civil

Dispõe o artigo 2.043 do novo Código Civil:

> Até que por outra forma se disciplinem, continuam em vigor as disposições de natureza processual, administrativa ou penal, constantes de leis cujos preceitos de natureza civil hajam sido incorporados a este Código.

Referido dispositivo deixou claro estarem mantidas as determinações do Código de Processo Civil acerca dos interditos possessórios, o Decreto 911/69, que trata da alienação fiduciária (e, no que nos

---

[118] Neste sentido, decisão da 1ª Câmara do Tribunal de Alçada do Rio de Janeiro (Ap. 62.399). *in* SILVA, Ovídio A. Baptista da. *Comentários ao Código de Processo Civil, v. 13: dos procedimentos especiais, arts. 890 a 981.* São Paulo: Revista dos Tribunais, 2000, p. 220.

[119] "Tal conclusão mais se justifica quando se considera a natureza da regra contida nos dois preceitos, pois é indiscutível o caráter de norma de direito processual constante do art. 505 do Código Civil, o que empresta ainda maior legitimidade ao entendimento de sua revogação pelo art. 923 do Código de Processo Civil". SILVA, Ovídio A. Baptista da. *Comentários ao Código de Processo Civil, v. 13: dos procedimentos especiais, arts. 890 a 981.* São Paulo: Revista dos Tribunais, 2000, p. 220.

[120] Neste sentido, Adroaldo Furtado Fabrício, *apud* SILVA, Ovídio A. Baptista da. *Comentários ao Código de Processo Civil, v. 13: dos procedimentos especiais, arts. 890 a 981.* São Paulo: Revista dos Tribunais, 2000, p. 219.

interessa, da ação de busca e apreensão de bens alienados fiduciaria-
mente), a Lei nº 5.478/68, que trata da ação de alimentos, bem como
todos os outros diplomas legais de caráter processual, administrativo
ou penal.

5. Conclusões

De forma alguma, temos a pretensão de esgotar, em curtas linhas, toda a análise do impacto do novo Código Civil brasileiro nos feitos processuais pendentes. Muito menos atribuímos a essas breves linhas qualquer caráter definitivo ou absoluto. A lei nova sempre exige um exercício criativo e imaginário acerca da forma como será aplicada, e não raro tal tarefa, além de árdua, traz resultados facilmente desmentidos e reprovados pela interpretação superveniente dada não apenas pelos Tribunais como pelo restante da comunidade jurídica.

Entretanto, algumas conclusões extraímos do presente estudo, e aqui as expomos e as submetemos ao crivo dos leitores e, sobretudo, do tempo:

i. A retroatividade ou a irretroatividade das normas não são adotadas em caráter absoluto no ordenamento jurídico brasileiro.

ii. De regra, toda a lei tem aplicação geral e imediata. No entanto, nunca retroagirá a lei para atingir ato jurídico perfeito, direito adquirido ou coisa julgada.

iii. Às situações jurídicas já constituídas ou extintas sob a égide do Código Civil de 1916, é estranho o Código Civil de 2002. Na pendência da constituição ou extinção da situação jurídica, aplica-se imediatamente o novo Código Civil, respeitando-se os efeitos decorrentes do período de vigência da lei anterior.

iv. O processo pode ser definido como uma seqüência de atos em direção à sentença. Como tal, pode ser repartido em diversos momentos distintos, para os quais se aplicará a lei vigente no respectivo espaço de tempo.

v. Da definição de processo ora referida, decorre o conceito de direito processual adquirido. A lei não poderá retroagir para atingir direito processual adquirido.

vi. O Código Civil de 2002 trouxe alterações em diversas disciplinas do direito civil que se relacionam intimamente com o direito instrumental. O nível e aplicação destas inovações nos processos em curso dependerá da natureza de tais inovações, bem como da fase em que se encontrar o processo.

vii. As mudanças na capacidade civil refletem diretamente na capacidade processual, e atingem os processos em curso, desde que ainda não tenha sido proferida sentença terminativa. Não terão o condão de convalidar, *em prejuízo* do então relativamente incapaz, atos nulos por ausência de participação do assistente (ex. citação). Poderão, entretanto, convalidar, em *benefício* do incapaz, atos praticados sem assistência (ex. ajuizamento da ação).

viii. Normas que outorgam poderes ao juiz, tal qual a que prevê a possibilidade de desconsideração da personalidade jurídica de sociedades, têm aplicação imediata aos processos em curso.

ix. As alterações nas regras acerca do domicílio não têm o condão de afetar processos em curso, especialmente no que tange à mudança da competência.

x. As normas acerca dos negócios jurídicos, obrigações, atos ilícitos e responsabilidade civil, de regra, não atingirão ações já propostas, visto que o vínculo obrigacional é regulado pela norma em cujo domínio foi constituído, respeitando-se os direitos dele oriundos. Ademais, resta impossível, *de regra*, a alteração da causa de pedir após a citação do réu (art. 264, *caput* e parágrafo único).

xi. As regras meramente interpretativas, trazidas pelo novo Código Civil, têm aplicação imediata aos processos em curso.

xii. As regras sobre incidência de juros aplicam-se imediatamente, respeitando-se o índice revogado para o período em que vigeu o Código de 1916.

xiii. Os critérios para a fixação de indenização, adotados pelo novo código civil, são estranhos às ações já em curso antes da vigência do mesmo, o que não significa dizer que já não estivessem sendo utilizados pela jurisprudência, por força de interpretação sistemática de regras e princípios preexistentes. Ocorre, apenas, que não poderão ser acrescidos os dispositivos do novo Código Civil a causas de pedir já existentes, ou mesmo utilizados para possibilitar a interposição de recurso especial por violação da nova lei.

xiv. Enquanto não for proferida sentença, e havendo ainda oportunidade processual para a produção de determinada prova, todo e

Estudos de Direito Intertemporal e Processo

qualquer meio de prova autorizado pelo novo Código Civil será admitido. Da mesma forma, mesmo para os processos em curso aplica-se a proibição de presunção simples de que trata o artigo 230 do novo Código Civil.

xv. Aos processos em curso desde antes do novo Código Civil, aplicam-se as normas do Código anterior acerca da prescrição, visto que interrompida desde a propositura da ação, pela citação regular e válida do réu (art. 219, parágrafo único, CPC).

xvi. Nenhuma proibição legal persiste, mesmo nas ações possessórias em curso, para que se julgue a posse em favor daquele a quem evidentemente não pertencer o domínio.

xvii. O novo Código Civil manteve vigentes as regras processuais constantes de leis cujos preceitos hajam sido incorporados àquele diploma.

Parte III

Novas competências trabalhistas na Emenda Constitucional nº 45 e Direito Intertemporal

1. Introdução

A Emenda Constitucional nº 45, de 30 de dezembro de 2004, conhecida como emenda da "reforma do judiciário", foi promulgada com o objetivo de atender aos anseios da sociedade por um Judiciário mais transparente, célere e eficaz. Os líderes dos três Poderes chegaram a firmar um "Pacto de Estado em favor de um Judiciário mais rápido e republicano", onde diagnosticaram que "a morosidade dos processos judiciais e a baixa eficácia de suas decisões retardam o desenvolvimento nacional, desestimulam investimentos, propiciam a inadimplência, geram impunidade e solapam a crença dos cidadãos no regime democrático".[121]

A importância dada para a modificação do cenário antes exposto vislumbra-se no fato de ter-se erigido a duração razoável do processo e a celeridade de sua tramitação ao *status* de garantia constitucional (Art. 5º, inciso LXXVIII, da Constituição Federal).[122]

Dentre as mudanças objetivando uma melhor prestação jurisdicional, foi modificada a redação do artigo 114 da Constituição Federal, ampliando a competência da Justiça do Trabalho, ao retirar das Justiças Estadual e Federal a competência para o julgamento de determinadas matérias.

Paralelamente às modificações no texto constitucional, o Supremo Tribunal Federal, em recente julgado, modificou seu posiciona-

---

[121] Íntegra disponível no *site* do Ministério da Justiça: www.mj.gov.br/reforma/pacto.htm

[122] A lição aprendida com o artigo 7º, IV da Constituição Federal, que trata do salário mínimo e das necessidades que ele deve atender, demonstra que, muito mais do que textos normativos, são necessários atos e condições reais para concretizarem-se direitos e garantias, por mais substanciais e indeclináveis que sejam estes.

Estudos de Direito Intertemporal e Processo

79

mento anterior no tocante à competência para julgamento das ações de acidente do trabalho, conferindo-a à Justiça Trabalhista.

Não será nosso objetivo, aqui, enfrentar o mérito de tais alterações.

Interessa-nos analisar a aplicação das novas regras de competência trabalhista, instituídas pela Emenda Constitucional nº 45 e pelo recente posicionamento do Supremo Tribunal Federal, sobre os processos *pendentes* nas Justiças Federal e Estadual. Mais especificamente, duas hipóteses merecem ser enfrentadas, e dizem respeito aos efeitos da entrada em vigor da emenda constitucional, bem como do já mencionado julgamento da Suprema Corte, para os processos: *(a)* pendentes de sentença em primeiro grau de jurisdição e *(b)* pendentes de recurso de apelação no Tribunal local (Tribunais Regionais Federais ou Tribunais de Justiça).

Qual a relevância desta análise?

Os Tribunais, em geral, têm tratado das duas hipóteses (*a* e *b*) indiscriminadamente, ou seja, sendo a regra de competência prevista no artigo 114 da Carta Magna, ou na recente decisão do Supremo Tribunal Federal, de natureza absoluta, tem-se aplicado tal regra de imediato, onde quer que o feito esteja (em primeira instância ou em grau de recurso), com a remessa dos autos à Justiça do Trabalho. Nesse sentido, vejam-se os seguintes julgados:

> Segundo assentado por parte do relator, o Ministro Carlos Britto, e acompanhado por parte dos demais integrantes do Pleno do Supremo Tribunal Federal, à unanimidade, portanto, a Justiça Comum Estadual é incompetente para processar e julgar ações de indenização decorrentes de sinistro laboral.
>
> Sendo assim, ainda que discorde da interpretação conferida, e de seus fundamentos, mas atentando ao interesse das partes, que na hipótese de inobservância ao que decidido no âmbito superior, com o prosseguimento da demanda nesta esfera, podem ser futuramente prejudicadas, considerada a possibilidade de rescisão e desconstituição dos atos decisórios, tenho que a decisão da Corte Suprema deva ser acatada e, com isso, declinada a competência do presente feito à Justiça do Trabalho.
>
> Assim, com ressalva ao meu ponto de vista pessoal, entendo por declinar da competência do presente feito para o Tribunal Regional do Trabalho da 4ª Região. (Apelação Cível nº 70012209573, 9ª Câmara Cível do Tribunal de Justiça do Estado do Rio Grande do Sul. Rel. Des. Íris Helena Medeiros Nogueira, j. em 27.07.2005. Unânime. Íntegra disponível no site www.tj.rs.gov.br)
>
> Apelação cível. Ação de danos oriundos de acidente do trabalho. Relação entre empregado e empregador. Parecer Ministerial. Reviravolta jurisprudencial por

força de julgado do STF (CC n. 7204). Competência declinada. Determinação de remessa dos autos ao TRT 4ª região. Decisão monocrática.

1. Na recente sessão de 29/06/2005, o Plenário do Supremo Tribunal Federal, por unanimidade, alterou sua jurisprudência e "definiu a competência da justiça trabalhista a partir da Emenda Constitucional nº 45/2004, para julgamento de ações de indenização por danos morais e patrimoniais decorrentes de acidente do trabalho" (CC n. 7204).

2. Conforme dispõe o art. 113 do CPC, "a incompetência absoluta deve ser declarada de ofício e pode ser alegada, em qualquer tempo e grau de jurisdição, independentemente de exceção". Assim, ante objeção de incompetência absoluta ou *ex officio*, juiz e o Tribunal têm o dever declarar a incompetência absoluta a qualquer tempo, inclusive em grau de recurso.

3. O Tribunal que se declara incompetente não tem poder decisório, salvo quanto ao reconhecimento de sua incompetência. Destarte, o TRT da 4ª Região dirá sobre a validade ou nulidade dos atos já realizados pelo juiz competente antes da modificação superveniente da competência. Seria, portanto, inadmissível que um Tribunal incompetente se antecipasse, julgando a validade dos atos, quando outro Tribunal é o competente para julgar a causa. (...) (Apelação Cível nº 70012209573, 9ª Câmara Cível do Tribunal de Justiça do Estado do Rio Grande do Sul. Rel. Des. Odone Sanguiné, j. em 21.07.2005. Decisão monocrática. Íntegra disponível no site www.tj.rs.gov.br)

Apelação cível. Responsabilidade civil. Indenização. Danos materiais e morais. Acidente do trabalho. O artigo 114, inciso VI, da CF/88 foi alterado pela Emenda Constitucional nº 45, determinando, assim, a competência da Justiça Especializada para o processamento e julgamento de feitos de mesma natureza. Destarte, de ofício, declara-se a competência do Egrégio Tribunal Regional do Trabalho, enviando-se os autos àquela Corte. (Tribunal de Justiça do Estado do Rio de Janeiro. Agravo de Instrumento nº 2005.002.07870. Des. Gilberto Rego – Sexta Câmara Cível. Decisão monocrática. Íntegra disponível no site . Íntegra disponível no site . Íntegra disponível no *site* www.tj.rj.gov.br)

Lide de cobrança, deflagrada por entidade sindical, em face de empresa industrial, acerca de contribuições por ela não repassadas, conquanto descontadas de seus trabalhadores. Defesa, no assinalar de tê-lo feito a sindicatos outros, cujo objeto seria paralelo no da atividade da empregadora. Sentença de improcedência. Apelação. Matéria discutida que, antes da CRFB/ 1988, era mais reputada como cabendo na competência da Justiça do Trabalho, o que cessou na vigência da novel Carta. Promulgação, porém, em 08/ 12/2004, da Emenda nº 45; que, entre alterações várias quanto a este Poder Judiciário, deu nova redação ao artigo 114 da Lei Maior, construindo seu inciso III, que reza, por detalhado e didático que as demandas sobre representação sindical, entre sindicatos, ou entre estes e trabalhadores, ou entre aqueles e empregadores, são da competência da Justiça Laboral. Competência referida, *ratione materiae*, logo absoluta, de ser reconhecida em qualquer fase processual, com incidência imediata da mudança, ex vi do artigo 87 da Lei de Regência. Aresto precioso, sobre tal questão, da 2ª Turma do Eg. STJ, relatado pelo Ministro Sálvio de Figueiredo, julgado em 14/03/1990. Incompetência, na severa modalidade, do Juízo Macaense de origem, e da Justiça Comum Fluminense, que se declara, como a nulidade, em conseqüência, da Sentença guerreada abrangendo os atos pretéritos do processo, ressalvado eventual aproveitamento pelo Juízo citado abaixo. Declinação que se faz em prol do Juízo de uma das Varas do Trabalho com sede no dito Município ou que o abarque territorialmente. Redistribuição e remessa, por conta da Secretaria, com as cautelas de estilo. (Tribunal de Justiça do Estado do Rio de Janeiro. Apelação Cível nº 2004.001.32695. Des. Luiz Felipe Haddad. J. 05/04/2005. Terceira Câmara Cível. Íntegra disponível no site www.tj.rj.gov.br)

Apelação cível. Responsabilidade civil. Indenização. Danos materiais e morais. Acidente do trabalho. O artigo 114, inciso VI, da CF/88 foi alterado pelo art. 1º da Emenda Constitucional nº 45/2004, determinando, assim, a competência da Justiça Especializada para o processamento e julgamento de feitos de mesma natureza. Destarte, de ofício, declara-se a competência do Egrégio Tribunal Regional do Trabalho, enviando-se os autos àquela Corte. (Tribunal de Justiça do Estado do Rio de Janeiro. Apelação Cível nº 2004.001.32697. Des. Gilberto Rego. J. em 22/02/2005. Sexta Câmara Cível. Íntegra disponível no site www.tj.rj.gov.br)

Pretendemos, em breves linhas, demonstrar o equívoco dos precedentes ora citados, pelo prisma do direito intertemporal.

2. O artigo 114 da Constituição Federal, conforme a Emenda Constitucional nº 45. Regra de competência absoluta

A nova redação do artigo 114 da Constituição Federal estabelece como competência da Justiça do Trabalho o processamento e julgamento das seguintes demandas:

I – as ações oriundas da relação de trabalho, abrangidos os entes de direito público externo e da administração pública direta e indireta da União, dos Estados, do Distrito Federal e dos Municípios;

II – as ações que envolvam exercício do direito de greve;

III – as ações sobre representação sindical, entre sindicatos, entre sindicatos e trabalhadores, e entre sindicatos e empregadores;

IV – os mandados de segurança, habeas corpus e habeas data, quando o ato questionado envolver matéria sujeita à sua jurisdição;

V – os conflitos de competência entre órgãos com jurisdição trabalhista, ressalvado o disposto no art. 102, I, o;

VI – as ações de indenização por dano moral ou patrimonial, decorrentes da relação de trabalho;

VII – as ações relativas às penalidades administrativas impostas aos empregadores pelos órgãos de fiscalização das relações de trabalho;

VIII – a execução, de ofício, das contribuições sociais previstas no art. 195, I, a, e II, e seus acréscimos legais, decorrentes das sentenças que proferir;

IX – outras controvérsias decorrentes da relação de trabalho, na forma da lei.

O que se vislumbra é um elenco de ações versando sobre determinadas *matérias*. Neste caso, não resta dúvida tratar-se de regra de competência absoluta (*ratione materiae*), nos termos do artigo 111 do CPC,[123]

---

[123] Veja-se, por todos, Athos Gusmão Carneiro: "Competência absoluta (...) Competência em razão da matéria ou "competência objetiva". Pela natureza da causa, a competência pode tocar a uma justiça especializada (...)". CARNEIRO, Athos Gusmão. *Jurisdição e competência*. 6ª ed. São Paulo: Saraiva, 1995, p. 63.

Estudos de Direito Intertemporal e Processo

vindo logo em mente diversos dispositivos legais e ensinamentos doutrinários acerca do tema.

Vale atentar, primeiramente, para os artigos 87 e 113 do CPC:

Art. 87. Determina-se a competência no momento em que a ação é proposta. São irrelevantes as modificações do estado de fato ou de direito ocorridas posteriormente, salvo quando suprimirem o órgão judiciário ou alterarem a competência em razão da matéria ou da hierarquia.

Art. 113. A incompetência absoluta deve ser declarada de ofício e pode ser alegada, em qualquer tempo e grau de jurisdição, independentemente de exceção.

A leitura conjunta dos dispositivos induz à afirmação de que, nos casos em que modificação no estado de fato ou de direito determinar a modificação de competência em razão da matéria (absoluta), a incompetência do juízo atual deve ser declarada de ofício, em qualquer tempo e grau de jurisdição. Essa conclusão é repetida com freqüência pela doutrina:

A competência absoluta, que o juiz tem o dever de fiscalizar de-ofício (CPC, art. 113), pode também ser alegada pela parte a qualquer tempo, inclusive em grau de recurso ou mesmo ação rescisória.[124]

(...) a competência em razão da matéria e a funcional são improrrogáveis, não modificáveis. Por isso, o juiz, por provocação de parte, ou de ofício, em qualquer momento do processo ou grau de jurisdição, deverá declarar-se incompetente, quando verificar vício quanto à competência.[125]

(...) em direito transitório vige o princípio de que não existe direito adquirido em matéria de competência absoluta e organização judiciária. Tratando-se de normas impostas tão-só pelo interesse público na boa distribuição da Justiça, é evidente que toda e qualquer alteração da lei, neste campo, incide sobre os processos em curso, em virtude da total indisponibilidade das partes sobre essa matéria.[126]

Esses ensinamentos formam uma espécie de *mantra*, à cuja repetição, sem uma reflexão mais cuidadosa, atribuímos as decisões hoje proferidas na aplicação da emenda constitucional e, também, do novo critério de competência para as ações de acidente do trabalho. Onde quer que esteja o processo, alterando-se a regra de competência, e sendo esta de caráter absoluto, deve correr o julgador a remeter os autos à Justiça agora competente. Será?

---

[124] DINAMARCO, Cândido Rangel. *Instituições de Direito Processual Civil*. 4ª ed. São Paulo: Malheiros, 2004, V. 1, p. 449.

[125] AMARAL SANTOS, Moacyr. *Primeiras Linhas de Direito Processual Civil*. 23ª ed. São Paulo: Saraiva, 2004, Vol. 1, p. 251.

[126] LACERDA, Galeno. *O Novo direito processual civil e os feitos pendentes*. Rio de Janeiro: Forense, 1974, p. 17-18.

3. Análise da primeira hipótese: processos pendentes de sentença em primeiro grau de jurisdição

Estando pendente o processo em primeira instância, aguardando sentença, a nova regra de competência absoluta tem aplicação imediata e, respeitando-se os atos já praticados, o feito deve ser remetido ao novo Juízo agora competente para o seu julgamento, não se aplicando o princípio da *perpetuatio jurisdictionis*. Aplicam-se, aqui, os já citados ensinamentos doutrinários, no sentido de que "As normas de competência têm aplicação imediata, de modo que o princípio do juiz natural não assegura ao réu o direito de somente ser processado ou sentenciado por órgão que já tivesse competência à data do fato ou da propositura da ação".[127]

Tomemos, a título de exemplo, o artigo 114, VII da Constituição Federal, cuja redação estabelece a competência da Justiça do Trabalho para o julgamento das "ações relativas às penalidades administrativas impostas aos empregadores pelos órgãos de fiscalização das relações de trabalho". Pendendo sentença em processo movido perante a Justiça Federal, em face de Delegado Regional do Trabalho e em razão de autuação por este realizada, deve o juiz federal, de ofício ou a requerimento de qualquer das partes, remeter o feito à Justiça do Trabalho, *incontinenti*.

Neste caso, todavia, vale lembrar que os atos decisórios já praticados não serão sob hipótese alguma tidos por nulos, visto que o juiz que os praticou era competente para fazê-lo naquele momento.[128] A

---

[127] TESHEINER, José Maria Rosa. *Pressupostos processuais e nulidades no processo civil*. São Paulo: Saraiva, 2000, p. 51.

[128] Valendo-se da lição de Chiovenda, lembra atentamente Daniel Francisco Mitidiero: "frise-se, porém: ao contrário do que lá [art. 113, § 2º do CPC] se diz, qualquer ato decisório emanado enquanto em vigor a primitiva lei é válido e eficaz no novo juízo. Qualquer outra interpretação aberra aos princípios." (MITIDIERO, Daniel Francisco. *Comentários ao Código de Processo Civil*. São Paulo: Memória Jurídica Editora, 2004. Tomo I, p. 424).

hipótese do artigo 113, § 2°, do CPC diz respeito àqueles casos em que a incompetência declarada é *anterior* aos atos decisórios, vindo a ser reconhecida apenas posteriormente (veremos adiante que, mesmo nessa última hipótese, poderão ainda considerar-se válidos os atos decisórios já praticados).

Tal conclusão não inviabiliza a revisão, pelo juiz do trabalho, das decisões proferidas pelo juiz federal no exemplo anteriormente citado, desde que não tenha havido a preclusão.

Cremos serem desnecessários quaisquer outros comentários acerca desta primeira hipótese. A jurisprudência é pacífica nesse sentido, e a base doutrinária já foi exposta em item anterior. O problema, como se verá a seguir, está na segunda questão proposta neste artigo.

4. Análise da segunda hipótese: processos pendentes de recurso de apelação no Tribunal local (TRFs ou TJ)

Conforme referido anteriormente, desconfiamos que a rígida fixação em torno da lição dos artigos 87 e 113 do CPC fez com que, no julgamento de recursos de apelação pelos Tribunais Estaduais e Regionais Federais, versando sobre matérias ora constantes do art. 114 da Constituição Federal, bem como sobre acidentes do trabalho, estejam estas Cortes a adotar postura incorreta ao determinar a remessa dos autos aos Tribunais Regionais do Trabalho, para julgamento dos referidos recursos.

Isto porque a doutrina há muito reconhece *exceção* ao tratamento descrito no item anterior, exceção esta que se dá justamente quando *já há sentença no processo em curso, quando da entrada em vigor da nova lei* (considerando a hipótese de ausência de disposições transitórias, o que se dá no caso ora em análise). Neste caso, o processo não deve ser remetido para julgamento pela Justiça tida por competente pela nova lei.

Veja-se, neste particular, a clássica lição de Carlos Maximiliano:

Em regra, as leis que alteram a competência dos tribunais ou distribuem diferentemente as atribuições judiciárias anteriormente estabelecidas, contém Disposições Transitórias, que disciplinam a passagem do sistema antigo para o presente. (...) Nos casos omissos e na hipótese de falta integral da providência normativa citada, cumpre recorrer à doutrina. (...) Consideram-se de interesse público as disposições atinentes à competência em lides contenciosas; por este motivo, aplicam-se imediatamente, atingem as ações em curso. Excetuam-se os casos de haver pelo menos uma sentença concernente ao mérito; o *veredictum* firma o direito do Autor no sentido de prosseguir perante a Justiça que tomara, de início, conhecimento da causa.[129]

---

[129] MAXIMILIANO, Carlos. *Direito Intertemporal ou Teoria da Retroatividade das Leis.* São Paulo: Freitas Bastos, 1946, p. 263.

O autor menciona ainda que, desde 1925, já havia o entendimento da Corte Suprema no sentido de se manter a competência de uma Justiça (Estadual ou Federal) quando já existente sentença de mérito, mesmo que alterada a regra de competência.[130]

É de se considerar que, à época em que Carlos Maximiliano escrevia (a obra citada foi publicada no ano de 1946), não se tinha precisamente o mesmo conceito de mérito que Buzaid verteu de Liebman e inseriu no Código de Processo Civil de 1973, de forma que podemos aplicar o entendimento lá esposado também para as sentenças que, hoje, extinguem o feito sem julgamento do mérito por ausência de alguma das condições da ação. Neste particular, basta verificar que, na obra *Despacho Saneador,* publicada em 1953, Galeno Lacerda afirmava que "determinadas condições da ação constituem matéria de mérito",[131] o que, hoje, tendo presente a teoria eclética de Liebman,[132] e a forma com que ela foi incorporada à lei processual vigente, não se pode afirmar.

Portanto, em havendo sentença proferida por magistrado pertencente à Justiça Comum, é perante esta que deve tramitar o recurso interposto contra a referida decisão.

---

[130] "No Brasil, cabia à Justiça Federal conhecer dos litígios entre habitantes de Estados diversos, ou quando envolvessem questões de Direito Internacional Privado; a Reforma Constitucional de 1825-26 [rectius, 1925-26] transferiu aquelas duas atribuições para o fôro local; a Côrte Suprema resolveu que prosseguissem perante as autoridades da União os feitos, da natureza indicada supra, ùnicamente quando houvesse já uma sentença de primeira instância relativa ao mérito ou concernente à competência do juízo. Afora as duas exceções mencionadas, os novos postulados atinentes às atribuições judiciárias seriam aplicados às causas pendentes." (MAXIMILIANO, Carlos. *Direito Intertemporal ou Teoria da Retroatividade das Leis.* São Paulo: Freitas Bastos, 1946, p. 263, nota de rodapé nº 3).

[131] LACERDA, Galeno. *Despacho Saneador.* Porto Alegre: Livraria Sulina Editora, 1953, p. 142. Supomos que esta opinião seja fruto da discussão que havia durante a vigência do Código de 1939, a que se refere Egas Moniz de Aragão: "(...) estabeleceu-se na doutrina e nos tribunais, forte contraste de opiniões – que a todos atormentava – quanto a saber se a sentença era 'definitiva', isto é, se julgara o mérito e comportaria apelação, ou se era 'terminativa', isto é, se não se julgara o mérito e comportaria agravo de petição, quando o processo se encerrava pela declaração de ausência das condições da ação, de 'carência de ação'. Quem viveu essa época ouve o eco do acirrado debate." (MONIZ DE ARAGÃO, Egas D. *Hobbes, Montesquieu e a teoria da ação.* Revista de Processo nº 108, out/dez 2002, p. 11).

[132] Não há como se opor, à teoria eclética, a afirmação de que a verificação das condições da ação implicaria juízo de mérito. Aliás, dizer que é *carente de ação* quem, no mérito, não tenha razão, seria digno do pensamento de Wach e Chiovenda, e não de Liebman. Isto porque, para Liebman, a verificação das condições da ação deve se dar *in status assertionis,* ou seja, com base apenas nas afirmativas do autor da ação é que devemos verificar a presença ou não da *legitimidade* e do *interesse* (a *possibilidade jurídica do pedido* foi posteriormente abandonada por Liebman como condição autônoma da ação, passando a integrar o conceito de *interesse*). Trata-se de juízo acerca da *hipótese* trazida pelo autor da ação, independentemente de verificação *concreta, empírica, probatória,* da procedência das *versões dos fatos* trazida aos autos.

Cumpre ressaltar, ainda, outro importante aspecto, concernente ao direito transitório em matéria de recursos e ao chamado *direito adquirido processual*, expressão esta utilizada por Galeno Lacerda na já citada obra *"O novo direito processual civil e os feitos pendentes"*.[133]

Como lembra Teresa Arruda Alvim Wambier, em valioso capítulo sobre direito intertemporal e recursos, embora a expressão utilizada pelo processualista gaúcho possa ser contestada ante a dificuldade de definição do que constituiria *direito adquirido*, tal idéia "traduz noção de segurança, harmônica com a simples idéia de direito, ainda que em sua concepção mais rudimentar".[134]

A ilustre processualista expõe com clareza os riscos existentes em tomar como absoluta a expressão de que as normas processuais têm *aplicação imediata*. No que interessa ao nosso tema, afirma:

> Na esfera dos recursos, parece que realmente essa aplicação imediata não pode significar senão que o novo regime seja aplicável aos casos em que a decisão se tenha tornado recorrível já na vigência da nova lei. Assim, se a lei nova passa a vigorar, tendo sido já prolatada a decisão, ainda em curso o prazo para interposição do recurso, este deve ser interposto no *antigo regime*. O recurso segue o regime da lei vigente à época da prolação da decisão. (grifos no original)[135]

Repete a autora a lição de Roubier: "a lei do recurso é a lei do dia da sentença".[136]

Queremos crer, embora não o diga expressamente Teresa Arruda Alvim Wambier, que não só em relação ao *procedimento*, como também quanto à *competência* recursal, a regra seja a mesma.[137] Aliás,

---

[133] LACERDA, Galeno. *O Novo direito processual civil e os feitos pendentes*. Rio de Janeiro: Forense, 1974.

[134] WAMBIER, Teresa Arruda Alvim. *Os agravos no CPC brasileiro*. 3ª edição revista, atualizada e ampliada. São Paulo: Revista dos Tribunais, 2000, p. 486.

[135] Idem, p. 487. No mesmo sentido é a lição de Marcus Vinicius Rios Gonçalves, que analisando hipoteticamente eventual supressão do agravo de instrumento para determinadas decisões, sujeitas apenas a agravo retido pela lei nova, vale-se também do conceito de direito adquirido processual: "Parece-nos que, desde o momento em que a decisão foi proferida, surgiu para as partes o direito de interpor recurso na forma prevista no ordenamento jurídico vigente. Há um direito adquirido processual de que o recurso possa ser interposto sob a forma de instrumento. Aquelas decisões proferidas durante a vigência da lei antiga poderão ser objeto de agravo de instrumento, mesmo que o recurso seja interposto na vigência da lei nova. Já as decisões posteriores a ela só poderão ser objeto de agravo retido". (GONÇALVES, Marcus Vinícius Rios. *Novo curso de direito processual civil*. São Paulo: Saraiva, 2004. V. 1, p. 19)

[136] WAMBIER, Teresa Arruda Alvim. *Os agravos no CPC brasileiro*. 3ª edição revista, atualizada e ampliada. São Paulo: Revista dos Tribunais, 2000, p. 488.

[137] Poder-se-ia afirmar que nosso posicionamento encontraria resistência nos ensinamentos de Pontes de Miranda, quando este afirma que "Não se confundam com as regras jurídicas sobre

---

Estudos de Direito Intertemporal e Processo

recente decisão do Superior Tribunal de Justiça autoriza a conclusão a que ora chegamos:

> Segundo as regras de direito intertemporal que disciplinam o sistema jurídico brasileiro no concernente à aplicação da lei no tempo, as inovações legislativas de caráter estritamente processual, como é a Lei 10.628/2002, devem ser aplicadas, de imediato, inclusive nos processos já em curso. Tal regra não conflita, todavia, com outra regra básica de natureza procedimental, segundo a qual o recurso próprio é o existente à época em que publicada a sentença. Assim, mantém-se o procedimento recursal então adotado, inclusive em relação à competência para julgamento do apelo, salvo se suprimido o tribunal para o qual for endereçado. Resguarda-se, com isso, os atos praticados sob a legislação revogada, prestigiando o princípio do direito adquirido. () No caso dos autos, a Lei nº 10.628, que alterou a competência originária para julgamento de prefeito municipal, foi publicada em 26.12.2002, portanto, em data posterior à interposição da apelação contra a sentença que julgou improcedente pedido formulado na ação civil pública, visando à reparação de danos ao erário. Por isso, é inaplicável, na espécie, o dispositivo invocado. Prevalece, portanto, a competência firmada pela lei vigente à época da interposição do apelo, que atribuía ao Tribunal de Justiça Estadual a competência para julgá-lo. (...) Declarada a incompetência do STJ para julgamento da apelação, determinando-se o retorno dos autos ao Tribunal de Justiça do Estado de Minas Gerais. (PET 2761/MG, Rel. Ministro Teori Albino Zavascki, 1ª T, julgado em 03.02.2005, DJ 28.02.2005 p. 185)[138]

Voltando ao caso ora em análise, basta lembrar que sequer existe *recurso de apelação* perante os Tribunais Regionais do Trabalho, e muito menos no processo trabalhista. Isto, é claro, não constituiria óbice ao conhecimento da apelação,[139] mas estar-se-iam remetendo

---

competência as regras jurídicas sobre pressupostos naturais e formais dos atos do recorrente e dos atos do recorrido ou de terceiro que intervenha, ou sobre a documentação e as exigências de serem ouvidas as pessoas apontadas pela lei da data do julgamento." (PONTES DE MIRANDA, Francisco Cavalcanti. *Comentários ao Código de Processo Civil*. Rio de Janeiro: Forense, 1975. T. VII, p. 45). Todavia, Pontes de Miranda não estava analisando a hipótese presente neste estudo, mas, isto sim, a hipótese de *suspensão* do órgão competente para julgamento do recurso. A manutenção do órgão, como se dá na hipótese atual, não foi objeto de análise pelo mestre alagoano.

[138] Há diversas outras decisões do Superior Tribunal de Justiça no mesmo sentido (CC 1133, HC 33248, HC 28829, HC 13753, HC 5658), muitas delas em matéria penal, mas os mesmos fundamentos de direito intertemporal, ainda que por analogia, valem na hipótese em comento, não obstante reconheçamos a existência de regras expressas acerca da competência em matéria penal nos artigos 69 a 91 do Código de Processo Penal.

[139] "Se a lei nova diz caber o recurso *a* e a lei da data da decisão ou da sentença ou do julgamento coletivo referia-se ao recurso *b,* não se pode interpor *a* em vez de *b*. Os prazos são os da data em que se julgou. A suspensão do órgão que seria competente para o julgamento de modo nenhum exclui o recurso. Tem-se de interpretar o direito vigente para se saber qual o órgão que substituiu o órgão extinto. A mudança de competência nada tem com a sorte do recurso perante a lei nova." (PONTES DE MIRANDA, Francisco Cavalcanti. *Comentários ao Código de Processo Civil*. Rio de Janeiro: Forense, 1975. T. VII, p. 44)

recursos totalmente estranhos às cortes trabalhistas para o seu julgamento, em nome da aplicação – errônea, como demonstraremos a seguir – dos artigos 87 e 113 do CPC, e em detrimento do princípio da segurança e da estabilidade do processo.

E, o que é pior, tal dar-se-ia sem nenhum ganho em termos de efetividade, o que por sua vez constitui a única razão plausível para a limitação ao princípio da segurança.[140] Muito pelo contrário, a remessa dos autos dos processos em grau de apelação perante os Tribunais de Justiça e Tribunais Regionais Federais, para os Tribunais Regionais do Trabalho, implicaria custos, demora processual, dificuldades de adaptação do procedimento, bem como quebra da segurança e estabilidade do processo. Efetividade e segurança sairiam feridas, e tudo em nome de quê? Da aplicação do texto frio da lei? Sequer isso pode ser sustentado.

Isto porque é necessário destacar que os artigos 87 e 113, ambos do Código de Processo Civil, não autorizam a conclusão a que têm chegado os tribunais. O artigo 87, como explica Pontes de Miranda,[141] não contém regra de direito intertemporal.

Ademais, o referido dispositivo (art. 87, CPC), se aplicado na forma preconizada pelos precedentes jurisprudenciais já citados (remessa *incontinenti* dos autos da apelação à Justiça do Trabalho), conflitaria com a regra acerca da competência recursal, que se encontra na Constituição Federal (art. 108, II), e com o reiterado entendimento de que a lei que define a competência e o procedimento do recurso é a da data em que a decisão foi proferida, como visto anteriormente.

---

[140] Logo vêm em mente as importantes lições de Humberto Ávila, na festejada obra *Teoria dos Princípios: da definição à aplicação dos princípios jurídicos*, na qual demonstra-se com clareza que, no eventual conflito entre princípios, deve-se adotar o meio adequado, necessário e proporcional em sentido estrito, aplicando-se o postulado normativo-aplicativo da proporcionalidade. "Um meio é adequado quando promove minimamente o fim. (...) Um meio é necessário quando não houver meios alternativos que possam promover igualmente o fim sem restringir na mesma intensidade os direitos fundamentais afetados. (...) Um meio é proporcional quando o valor da promoção do fim não for proporcional ao desvalor da restrição dos direitos fundamentais." (ÁVILA, Humberto. *Teoria dos Princípios: da definição à aplicação dos princípios jurídicos*. São Paulo: Malheiros, 2003, p. 121). Note-se que a remessa dos autos em grau de apelação para a Justiça do Trabalho não promoveria minimamente quaisquer das finalidades apontadas (efetividade ou segurança), restringindo ambas de forma mais grave do que se optando por manter os recursos para julgamento pela Justiça Comum. E, ainda que se justificasse a remessa dos autos por uma suposta rigidez na interpretação da lei processual – o que, como veremos, não é o caso – a restrição aos princípios da segurança e da efetividade seriam desproporcionas ao resultado obtido.

[141] PONTES DE MIRANDA, Francisco Cavalcanti. *Comentários ao Código de Processo Civil.* Rio de Janeiro: Forense, 1975. T. II, p. 164.

Já o artigo 113 diz respeito à possibilidade de alegação da incompetência absoluta em qualquer grau de jurisdição. Todavia, se a competência era, efetivamente, de Tribunal Estadual ou de Tribunal Regional Federal na data da interposição do recurso (*rectius*, na data em que surgiu o *direito* ao recurso, portanto, nada data em que proferida a sentença), então não há incompetência absoluta a ser argüida nos termos do art. 113 do CPC. Este artigo tem aplicabilidade, em sede recursal, apenas para os casos em que a incompetência absoluta é anterior, já maculando o processo em primeiro grau de jurisdição. Sucede, neste último caso, a nulidade da sentença e a necessidade de remessa dos autos ao Juízo competente. A hipótese ora ventilada é bastante diversa, como sabemos.[142]

É preciso ter cuidado para não se cometer o equívoco de, ao pretensamente interpretar literalmente os dispositivos processuais em referência, acabar violando justamente a literalidade de tais disposições. Embora, como refira Daniel Francisco Mitidiero,[143] o Código português contenha dispositivo expresso, no sentido de que "quando ocorra alteração da lei reguladora da competência considerada relevante quanto aos processos pendentes, o juiz ordena oficiosamente a sua remessa para o tribunal que a nova lei considere competente", o *tribunal* a que se refere a lei processual lusitana é o de primeira instância, equivalente ao juiz de primeiro grau brasileiro.[144] Ainda que assim não fosse, não conseguiríamos extrair norma semelhante da leitura dos artigos 87 e 113 do CPC brasileiro. Nenhum destes dispositivos refere-se à remessa dos autos que já se encontrem num dado *tribunal*, a outro.

[142] No caso da entrada em vigor da emenda constitucional nº 45, tal afirmação é de claridade solar, uma vez que a lei (lato sensu) acerca da competência é que modificou no curso do processo. Com relação à modificação do entendimento jurisprudencial acerca da competência para o julgamento das ações de acidente do trabalho, veremos no item seguinte que é necessária explicação adicional para chegarmos à mesma conclusão.

[143] MITIDIERO, Daniel Francisco. *Comentários ao Código de Processo Civil*. São Paulo: Memória Jurídica Editora, 2004. Tomo I, p. 424.

[144] O Código de Processo Civil Português destaca três artigos (70, 71 e 72), para tratar dos "Tribunais de primeira instância", das "Relações" e do "Supremo", assim dispondo: "Art. 70. (Tribunais de Primeira Instância) Compete aos tribunais singulares de competência genérica o conhecimento dos recursos das decisões dos notários, dos conservadores do registro e de outros que, nos termos da lei, para eles devam ser interpostos. Artigo 71. (Relações) 1. As Relações conhecem dos recursos e das causas que por lei sejam da sua competência. 2. Compete às Relações o conhecimento dos recursos interpostos de decisões proferidas pelos tribunais de 1ª instância. Artigo 72. (Supremo) 1. O Supremo Tribunal de Justiça conhece dos recursos e das causas que por lei sejam da sua competência." 2. Compete ao Supremo Tribunal de Justiça o conhecimento dos recursos interpostos de decisões proferidas pelas Relações e, nos casos especialmente previstos na lei, pelos tribunais de 1ª instância.

Além disso, vale referir que o mesmo Código português contém a seguinte disposição, em seu artigo 88, que trata da competência para o julgamento dos recursos: "Os recursos devem ser interpostos para o tribunal a que está hierarquicamente subordinado aquele de que se recorre".

Neste particular, sem dúvida há similitude com os ensinamentos doutrinários e jurisprudenciais no direito processual brasileiro. No Brasil, os tribunais não podem rever atos de juízes que não lhes são vinculados. A exceção a esta regra está disposta no artigo 108, II, segunda parte, da Constituição Federal,[145] e não se aplica à hipótese. Nesse sentido, é a lição de Cândido Rangel Dinamarco:

> Na determinação da competência recursal tem grande e constante influência o órgão que exerce ou exerceu a jurisdição no grau inferior, proferindo a sentença ou decisão que é objeto do recurso. Os atos de um juiz de primeiro grau são objeto de recurso a um tribunal da mesma Justiça a que ele pertence, sem a menor possibilidade de tribunais de uma Justiça reverem atos de juiz de outra. (...)[146]

A lição repercute na jurisprudência do Superior Tribunal de Justiça, conforme se lê da seguinte ementa:

> Competência. Entendendo o Tribunal de Justiça que incompetente o juiz estadual, haverá de anular os atos decisórios e determinar a remessa dos autos para o juiz federal que considera competente. Não é o caso de declinar-se da competência para o Tribunal Regional Federal que não pode rever atos de juiz que não lhe é vinculado. (CC 1469/RS, rel. Ministro Eduardo Ribeiro, Segunda Seção, julgado em 13.03.1991, DJ 08.04.1991 p. 3864)

Estaríamos a ignorar estes importantes ensinamentos doutrinários e jurisprudenciais caso os Tribunais Regionais do Trabalho passassem a julgar as apelações interpostas contra sentenças proferidas por Magistrados da justiça comum federal ou estadual.

---

[145] "Art. 108. Compete aos Tribunais Regionais Federais: II – julgar, em grau de recurso, as causas decididas pelos juízes federais e pelos juízes estaduais no exercício da competência federal da área de sua jurisdição."

[146] Dinamarco, Instituições, V. 1, p. 431-432.

Estudos de Direito Intertemporal e Processo

5. As recentes decisões do STF (Conflito de Competência nº 7204) e dos Tribunais Estaduais com relação à competência para julgamento dos processos envolvendo acidente do trabalho e dos recursos neles interpostos: *prospective overruling*

As considerações anteriores, em nosso sentir, autorizam a conclusão de que os Tribunais Estaduais e Regionais Federais não devem remeter os processos em grau de apelação para a Justiça do Trabalho em função das chamadas *novas competências trabalhistas* instituídas pela Emenda Constitucional nº 45, quando tiver o recurso sido interposto em face de sentença proferida antes da entrada em vigor da referida emenda constitucional.

Todavia, o recente acórdão do Supremo Tribunal Federal (Conflito de Competência nº 7204, j. em 29.06.2005), determinando ser de competência da Justiça Trabalhista o julgamento de ações referentes a acidentes do trabalho, não só tem sido argumento utilizado para determinar a remessa àquela Justiça especializada todos os feitos que tratam da referida matéria, como demanda uma explicação adicional às já oferecidas para que se aproveite a conclusão do parágrafo anterior.

Não enfrentaremos, aqui, o mérito da recente decisão da Suprema Corte, até mesmo porque *(i)* nos termos do voto do Ministro Rel. Ayres Britto, a decisão foi uma correção de rumo, independente da nova redação do art. 114 da Constituição Federal e *(ii)* ao tempo de publicação deste trabalho, embora seja improvável, poderá o Supremo Tribunal Federal ter, novamente, modificado seu posicionamento (vale lembrar que a decisão recentemente noticiada contraria outra, da mesma Corte, proferida em 09 de março de 2005, no Recurso Extraordinário nº 438.639).

Cumpre, no entanto, destacar que, nos próprios termos da recente decisão, esta é decorrência de reviravolta jurisprudencial, e não de mudança da *lei* acerca da competência. Em outras palavras, não foi a Emenda Constitucional nº 45 que determinou a mudança no posicionamento da Suprema Corte, servindo apenas como reforço argumentativo para uma suposta correção de rumos. Assim decidindo, entendeu a Suprema Corte que a competência para o julgamento das ações acidentárias *sempre* deveria ter sido da Justiça do Trabalho, tendo tais ações tramitado na Justiça Estadual – inclusive com a Súmula 15 do Superior Tribunal de Justiça determinando a sua competência – por errônea interpretação do artigo 109, I, da Constituição Federal.

Ora, poder-se-ia concluir que todas as decisões proferidas pela Justiça Estadual anteriormente à decisão do Supremo seriam rescindíveis, nos termos do artigo 485, II, do CPC. De forma alguma poderia o STF deixar aberta tal possibilidade, sob pena de provocar um verdadeiro caos no Judiciário em face da onda de ações rescisórias que viriam a ser ajuizadas. A solução encontrada foi a determinação de que os efeitos do recente acórdão seriam *ex nunc*, ou, mais precisamente, teriam como ponto de partida a Emenda Constitucional nº 45, como se lê do resultado publicado no Diário Oficial do dia 03 de agosto de 2005:[147]

> Decisão: O Tribunal, por unanimidade, conheceu do conflito e definiu a competência da justiça trabalhista a partir da Emenda Constitucional nº 45/2004, para julgamento das ações de indenização por danos morais e patrimoniais decorrentes de acidente do trabalho, vencido, no caso, o Senhor Ministro Marco Aurélio, na medida em que não estabelecia a edição da emenda constitucional como marco temporal para competência da justiça trabalhista. Votou a Presidente. Ausente, justificadamente, o Senhor Ministro Nelson Jobim (Presidente). Presidiu o julgamento a Senhora Ministra Ellen Gracie (Vice-Presidente). Plenário, 29.06.2005.

Corroborando e acatando o entendimento do STF, recentes pronunciamentos do Tribunal de Justiça do Estado do Rio Grande do Sul dão conta que se deve aplicar à decisão do Supremo o modelo da *prospective overruling*,[148] ou seja, o novo critério jurisprudencial só

---

[147] Até o fechamento da redação original deste ensaio, não havia o Supremo Tribunal Federal disponibilizado a íntegra da decisão em seu *site*, mas tão-somente o resultado do julgamento e o voto do Min. Ayres Britto. Veja-se, a respeito, o *post scriptum* constante da última nota de rodapé.

[148] No direito norte-americano, vigora a doutrina de Blackstone, no sentido da retroatividade dos precedentes jurisprudenciais. Todavia, admitem-se exceções, decorrentes da aplicação da *prospective overruling*. Sobre o tema, veja-se FAIRCHILD, Thomas E., *Limitation of New Judge-Made Law to Prospective Effect Only: "Prospective Overruling" or "Sunbursting"*, 51 Marq. L. Rev. 254, 255 (1967-68).

Estudos de Direito Intertemporal e Processo

terá aplicação prospectiva, *ex nunc*, não podendo se considerar, assim, como preexistente a incompetência da Justiça Estadual para o julgamento das ações acidentárias. Veja a transcrição de trecho de recente decisão monocrática do Tribunal gaúcho, que elucida a questão:

> A eficácia da lei processual civil em relação aos processos pendentes rege-se pela regra *tempus regit actum*, segundo a qual fatos ocorridos e situações já consumadas no passado não se regem pela lei nova que entra em vigor, mas continuam valorados segundo a lei do seu tempo. As leis dispõem para o futuro e não para o passado. Portanto, a lei processual civil tem aplicação imediata, não sendo retroativa e traz em si a preservação das situações jurídicas consumadas sob o império da lei revogada (vid., por todos, DINAMARCO, Candido Rangel. *Instituições de Direito Processual Civil*, vol. I, ob. cit., p. 115-116). Igualmente quando se trata de reviravolta de critério jurisprudencial da Suprema Corte declarando qual a dicção correta de norma constitucional que dispõe sobre competência constitucional processual da Justiça Especial em matéria de indenização por danos decorrente de acidente do trabalho (inc. VI, do art. 114, com a redação dada pela EC 45/2004, e 109, I, da Carta Magna), dita virada jurisprudencial há de seguir o modelo da *prospective overruling* do Direito norte-americano consistente em alterar o critério jurisprudencial apenas com efeitos prospectivos (*ex nunc*), isto é, aplicando-o somente aos fatos que ocorrem a partir de então (FERRERES COMELLA, Victor. *El principio de taxatividad*, p. 187 ss.; idem, NEUMAN, Ulfrid. *Pueden los cambios...*, p. 103-117). Se se trata da primeira sentença que se afasta de um critério anterior consolidado, segundo o Tribunal Constitucional Espanhol, a alteração somente é legítima se foi adotada prospectivamente (FERRERES COMELLA, Victor. *El principio de taxatividad*, p. 223, nota 31). Precisamente essa linha de pensamento foi acolhida pelo Min. Sepúlveda Pertence, que em sua declaração de voto – seguida pela maioria da Corte, vencido o Min. Marco Aurélio de Mello que não estabelecia a edição da emenda constitucional como marco temporal – conferiu efeito prospectivo (*ex nunc*) à decisão plenária que determinou a virada da jurisprudência do STF, recordando que assim também fora decidido no Inq 687/SP, rel. Min. Sydney Sanches, quando a Suprema Corte, ao cancelar a Súmula 394, STF, que dispunha sobre a competência especial por prerrogativa de função, por crime cometido durante o exercício funcional, ressalvou que "continuam válidos todos os atos praticados e decisões proferidas pelo Supremo Tribunal Federal, com base na Súmula 394. (Agravo de Instrumento nº 70012368189, Nona Câmara Cível, Tribunal de Justiça do RS, Relator: Odone Sanguiné, Julgado em 22/07/2005)

A utilização da doutrina da *prospective overruling* justifica-se, aqui, não só pela enxurrada de ações rescisórias que ocorreria caso fosse aplicada retroativamente a decisão, mas também pela instabilidade no próprio posicionamento da Suprema Corte. Basta dizer que, entre a anterior decisão do STF acerca da competência para o julgamento das ações de acidente do trabalho (Recurso Extraordinário nº 438.639), e a que determinou o atual posicionamento (Conflito de Competência nº 7204), passaram-se menos de quatro meses, sendo evidente recomendar a prudência não se estender estas reviravoltas para as situações pretéritas e já constituídas.

Parece-nos, assim, que os mesmos argumentos já adotados em relação à mudança de competência ocasionada pela EC 45 podem ser transpostos para a situação envolvendo as ações de acidente do trabalho, chegando-se à mesma conclusão anteriormente exposta, ou seja, a de que os Tribunais Estaduais e Regionais Federais não devem remeter os processos em grau de apelação para a Justiça do Trabalho em função da mudança nos critérios de competência para o julgamento das ações acidentárias, quando tiver o recurso sido interposto em face de sentença proferida antes do julgamento da Suprema Corte.

Aliás, mais adequado, seguindo a lógica do voto do Min. Carlos Ayres Britto, seria estabelecer como marco da competência trabalhista para as ações acidentárias a própria decisão do STF, e não a entrada em vigor da EC 45, na medida em que a emenda constitucional não foi o fundamento determinante para a mudança no critério jurisprudencial.

Estudos de Direito Intertemporal e Processo

6. Conclusão

De um lado, verificam-se precedentes jurisprudenciais no sentido de se determinar a remessa de todos os feitos que hoje se encontram na Justiça Comum Estadual ou Federal, *independentemente da fase processual*, para a Justiça do Trabalho, uma vez constatando-se que a matéria tratada em tais processos consta do artigo 114 da Constituição Federal (com a nova redação dada pela Emenda Constitucional nº 45) ou que se trata de ação acidentária. Como único e solitário argumento destes precedentes, uma interpretação, no mínimo, questionável, quiçá equivocada, dos artigos 87 e 113 do Código de Processo Civil.

De outro, alinhamos diversos argumentos em sentido contrário, dentre os quais destacam-se:

a) a doutrina, calcada inclusive em precedentes jurisprudenciais históricos, há muito reconhece que quando já há sentença no processo em curso, quando da entrada em vigor da nova lei acerca da competência, o processo não deve ser remetido para julgamento pela justiça tida por competente pela nova lei.

b) o conceito de direito adquirido processual e a idéia de segurança, estabilidade e harmonia processuais, autoriza a conclusão de que, surgido o direito ao recurso sob a égide da lei anterior, é sob esta que deve-se processar o recurso, inclusive no que toca à competência para seu julgamento.

c) Há decisões recentes do Superior Tribunal de Justiça (ex. PET 2761/MG), analisando outros casos de edição de novas leis sobre competência processual, que determinam prevalecer a competência firmada pela lei vigente à época de interposição do recurso.

d) A remessa de recursos de apelação aos Tribunais Regionais do Trabalho possui inúmeros inconvenientes práticos, dentre eles, a inexistência de tal espécie de recurso naquelas Cortes, a demora e os custos da remessa dos autos, bem como a já mencionada quebra da segurança e da estabilidade do processo.

e) A correta interpretação dos artigos 87 e 113 do Código de Processo Civil não autoriza as conclusões a que chegaram os tribunais nos precedentes citados.

f) No Brasil, os tribunais não podem rever atos de juízes que não lhes são vinculados (salvo exceção do art. 108, II, segunda parte, da Constituição Federal), e tal ocorrerá acaso mantido o posicionamento mencionado no primeiro parágrafo do presente item.

g) Nos casos envolvendo acidente do trabalho, o fato de o precedente do Supremo Tribunal Federal aplicar-se *prospectivamente*, autoriza o aproveitamento das conclusões anteriormente expostas.

Cremos que tais argumentos sejam suficientes para se concluir que, tendo sido proferida a sentença em processo versando sobre matérias constantes do atual art. 114 da Constituição Federal, ou em ação de acidente do trabalho, respectivamente antes da entrada em vigor da Emenda Constitucional nº 45 ou do julgamento do Supremo Tribunal Federal no Conflito de Competência nº 7204, deve o feito tramitar até o seu fim perante a Justiça à qual vincula-se o prolator da sentença. Esperamos que nossas reflexões possam contribuir para uma reversão da jurisprudência atual, contrária às idéias aqui defendidas.

Após a elaboração deste artigo, foi proferido acórdão pela 5ª Turma do Tribunal Regional do Trabalho da 4ª Região (Processo nº 02973-2005-000-04-00-4, Rel. Juíza Berenice Messias Corrêa, publicado no DJ em 09/11/2005, bem como na Revista Eletrônica do TRT da 4ª Região, Ano I – Número 17: 2ª quinzena de novembro de 2005), acolhendo *expressamente* nossas ponderações e adotando-as como razões de decidir, *verbis*: "Trata-se de remessa dos autos do processo de apelação cível em ação de indenização por danos materiais e morais, provenientes de acidente do trabalho, determinada pela 9ª Câmara Cível do Tribunal de Justiça do Estado do Rio Grande do Sul (fls. 218 e verso).[149]

---

[149] *Post scriptum:* A declinação da competência teve como fundamento o julgamento pelo Supremo Tribunal Federal do conflito de competência nº 7.204-1, ocorrido em 29.06.05, motivo pelo qual foi determinada a remessa dos autos a este E. TRT.

Entretanto, com a devida "venia", entende-se que não se trata do julgamento da lide de tal natureza, mas de apreciação da apelação interposta pela ré contra sentença proferida em data anterior à decisão do Supremo Tribunal Federal que, ao apreciar o conflito de competência nº 7.204-1, em 29.06.05, definiu que compete à Justiça do Trabalho, a partir da Emenda Constitucional nº 45/04, o julgamento das ações de indenização por danos patrimoniais e extrapatrimoniais decorrentes de acidente do trabalho.

Estudos de Direito Intertemporal e Processo

Destarte, prolatada sentença por Juiz de Direito antes da entrada em vigor da alteração na definição de competência da Justiça do Trabalho operada pela Emenda Constitucional nº 45, entende-se que a competência deve ser da Justiça em que tramitava a ação, ou seja, a Justiça Comum, cabendo a apreciação do recurso à Corte de segundo grau correspondente.

Nesta esteira, no magistério de Guilherme Rizzo Amaral, duas hipóteses merecem relevância, e dizem respeito ao efeito da entrada em vigor da Emenda Constitucional para os processos (a) pendentes de sentença em primeiro grau de jurisdição e (b) pendentes de recurso de apelação para o respectivo Tribunal local.

Os Tribunais, em geral, têm cuidado das duas hipóteses, indiscriminadamente, ou seja, tratando-se a regra do art. 114 da Constituição Federal de 1988 de competência absoluta (art. 111 do CPC), tem-se aplicado a mesma de imediato, onde quer que o feito esteja (em primeira instância ou em grau de recurso), com remessa dos autos à Justiça Trabalhista.

Não se desconhece o princípio de que não existe direito adquirido em matéria de competência absoluta e organização judiciária. Entretanto, cumpre ressaltar importante aspecto concernente ao direito transitório.

Veja-se, neste particular, como recentemente se pronunciou o STJ: "Segundo as regras de direito intertemporal que disciplinam o sistema jurídico brasileiro no concernente à aplicação da lei no tempo, as inovações legislativas de caráter estritamente processual, como é a Lei 10.628/2002, devem ser aplicadas, de imediato, inclusive nos processos já em curso. Tal regra não conflita, todavia, com outra regra básica de natureza procedimental, segundo a qual o recurso próprio é o existente à época em que publicada a sentença. Assim, mantém-se o procedimento recursal então adotado, inclusive em relação à competência para julgamento do apelo, salvo se suprimido o tribunal para o qual for endereçado. Resguarda-se, com isso, os atos praticados sob a legislação revogada, prestigiando o princípio do direito adquirido. (...) No caso dos autos, a Lei nº 10.628, que alterou a competência originária para julgamento de prefeito municipal, foi publicada em 26.12.2002, portanto, em data posterior à interposição da apelação contra a sentença que julgou improcedente pedido formulado na ação civil pública, visando à reparação de danos ao erário. Por isso, é inaplicável, na espécie, o dispositivo invocado. Prevalece, portanto, a competência firmada pela lei vigente à época da interposição do apelo, que atribuía ao Tribunal de Justiça Estadual a competência para julgá-lo. (...) Declarada a incompetência do STJ para julgamento da apelação, determinando-se o retorno dos autos ao Tribunal de Justiça do Estado de Minas Gerais" (PET 2761/MG, Rel. Ministro TEORI ALBINO ZAVASCKI, PRIMEIRA TURMA, julgado em 03.02.2005, DJ 28.02.2005 p. 185).

Acrescente-se, ainda, o argumento de que os Tribunais não podem rever atos de Juízes que não lhes são vinculados (CC 1.469-RS, julgado no STJ em 13.03.91), o que ocorreria caso os Tribunais Regionais do Trabalho passassem a julgar apelações interpostas contra sentenças proferidas por magistrados da Justiça Comum Estadual.

De outro lado, em recente decisão, o Egrégio Superior Tribunal de Justiça, no julgamento do conflito de competência nº 51.712-SP, Rel. Min. Barros Monteiro, apreciando matéria análoga, decidiu que a alteração superveniente de competência, mesmo por norma constitucional, tem efeito imediato e não retroativo, não afetando a validade de sentença anteriormente proferida, prosseguindo os feitos, em que já proferida sentença, pela antiga competência da Justiça Comum, inclusive recursal. Precedentes do STF: CC 7.204-MG, DJ 03.08.05; e CC 6.967-RJ, DJ 26.09.97.

Assim, por entender que não compete à Justiça do Trabalho o exame da apelação referida, que originou a declinação, suscita-se o presente conflito negativo de competência, determinando-se a remessa dos autos ao Exmo. Ministro Presidente do Egrégio Superior Tribunal de Justiça, na forma do que dispõe o art. 105, inciso I, alínea "d", da Constituição Federal de 1988.

Ante o exposto, ACORDAM os Juízes da 5ª Turma do Tribunal Regional do Trabalho da 4ª Região, à unanimidade de votos, suscitar o presente conflito negativo de competência, determinando-se a remessa dos autos ao Exmo. Ministro Presidente do Egrégio Superior Tribunal de Justiça, na forma do que dispõe o art. 105, inciso I, alínea "d", da Constituição Federal de 1988. Dois outros acórdãos merecem destaque.

O Superior Tribunal de Justiça manifestou-se na mesma linha de nosso artigo, ao julgar o

Referências bibliográficas

ALVARO DE OLIVEIRA, Carlos Alberto (Coord.). *A Nova Execução: comentários à Lei 11.232, de 22 de dezembro de 2005.* Rio de Janeiro: Forense, 2006.

——. *Do formalismo no processo civil.* São Paulo: Saraiva, 1997.

——. Efetividade e processo de conhecimento. *Revista da Ajuris,* Porto Alegre, v. 26, n. 75, p. 120-135, set. 1999.

—— (Org.). O processo civil na perspectiva dos direitos fundamentais. *In: Processo e constituição.* Rio de Janeiro: Forense, 2004.

——. Poderes do juiz e visão cooperativa do processo. *Revista da Ajuris,* Porto Alegre, v. 30, n. 90, p. 55-84, jun. 2003.

ALVES, Jones Figueiredo e outro. *Novo Código Civil – Lei n. 10.406 de 10 de janeiro de 2002 – confrontado com o Código Civil de 1916.* São Paulo: Método, 2002. p. 146.

AMARAL SANTOS, Moacyr. *Primeiras Linhas de Direito Processual Civil.* 23ª ed. São Paulo: Saraiva, 2004. Vol. 1.

Conflito de Competência nº 51.712-SP, conforme se lê da ementa publicada em 14.09.2005: "A partir da Emenda Constitucional nº 45/2004, a competência para processar e julgar as ações reparatórias de danos patrimoniais e morais decorrentes de acidente do trabalho é da Justiça do Trabalho (Conflito de Competência nº 7.204-1/MG-STF, relator Ministro Carlos Britto).
A norma constitucional tem aplicação imediata. Porém, "a alteração superveniente da competência, ainda que ditada por norma constitucional, não afeta a validade da sentença anteriormente proferida. Válida a sentença anterior à eliminação da competência do juiz que a prolatou, subsiste a competência recursal do tribunal respectivo" (Conflito de Competência nº 6.967-7/RJ-STF, relator Ministro Sepúlveda Pertence). (...)" (CC 51712/SP, Rel. Ministro BARROS MONTEIRO, SEGUNDA SEÇÃO, julgado em 10.08.2005, DJ 14.09.2005 p. 189)
Por fim, o próprio acórdão no Conflito de Competência nº 7204 do STF, que somente foi publicado na íntegra no DJ de 09/12/2005, fez constar na ementa que a "nova orientação alcança os processos em trâmite pela Justiça comum estadual, desde que pendentes de julgamento de mérito. É dizer: as ações que tramitam perante a Justiça comum dos Estados, com sentença de mérito anterior à promulgação da EC 45/04, lá continuam até o trânsito em julgado e correspondente execução. Quanto àquelas cujo mérito ainda não foi apreciado, hão de ser remetidas à Justiça do Trabalho, no Estado em que se encontram, com total aproveitamento dos atos praticados até então. A medida se impõe, em razão das características que distinguem a Justiça comum estadual e a Justiça do Trabalho, cujos sistemas recursais, órgãos e instâncias não guardam exata correlação."

AMARAL, Guilherme Rizzo. *A efetivação das sentenças sob a ótica do formalismo-valorativo: um método e sua aplicação*. Tese de Doutorado pela Universidade Federal do Rio Grande do Sul. Dezembro de 2006.

——. Comentários aos artigos 475-I e 475-J do CPC. *in* ALVARO DE OLIVEIRA, Carlos Alberto (Coord.). *A Nova Execução: comentários à Lei 11.232, de 22 de dezembro de 2005*. Rio de Janeiro: Forense, 2006.

——. *Sobre a* desnecessidade *de intimação pessoal do réu para o cumprimento da sentença, no caso do art. 475-J do CPC*. Disponível em 222.tex.pro.br.

ANNUAIRE International de Justice Constitutionnelle, XV, 1999. Paris: Econômica, 2000, p. 155.

ARMELIN, Donaldo. *Observância à coisa julgada e enriquecimento ilícito: postura ética e jurídica dos magistrados e advogados*. Brasília, DF: Conselho de Justiça Federal, Centro de Estudos, 2003. (Cadernos do CEJ, 23).

ASSIS, Araken de. *Manual do Processo de Execução*. São Paulo: Revista dos Tribunais, 1997. 4ª edição.

——. *Cumprimento da Sentença*. Rio de Janeiro: Forense, 2006.

ÁVILA, Humberto. *Teoria dos Princípios: da definição à aplicação dos princípios jurídicos*. São Paulo: Malheiros, 2003.

CANOTILHO, José Joaquim Gomes. *Direito Constitucional*. 4. ed. Coimbra: Almedina, 2000.

CARDOZO, José Eduardo Martins. *Da retroatividade da lei*. São Paulo: Revista dos Tribunais, 1995.

CARNEIRO, Athos Gusmão. *Cumprimento da Sentença Civil*. Rio de Janeiro: Forense, 2007.

——. *Jurisdição e competência*. São Paulo: Saraiva, 1995. 6ª edição.

COSTA, Judith Hoffmeister Martins *"O Direito Privado como um "Sistema em Construção": As Cláusulas Gerais no Projeto do Código Civil Brasileiro"* – http://www.jus.com.br/doutrina/ccivcons.html. Acesso em 07 de setembro de 2001.

DINAMARCO, Cândido Rangel. *A instrumentalidade do processo*. 10.ed. São Paulo: Malheiros, 2002.

——. *Instituições de direito processual civil*. São Paulo: Malheiros, 2004. v. 3.

——.——. 4ª ed. v. 2.

——.——. 4ª ed. v. 1.

——. *Relativizar a coisa julgada material*. Revista da Ajuris, Porto Alegre, v.27, n.83, p.33-65, set. 2001; *Revista Forense*, Rio de Janeiro, v. 97, n.358, p.11-32, nov./dez. 2001; *Revista de Processo*, São Paulo, v.28, n.109, p. 9-38, jan./mar. 2003.

DINIZ, Maria Helena. *Comentários ao Código Civil: parte especial: disposições finais e transitórias, v. 22 (arts. 2.028 a 2.046)*. (coord: Antônio Junqueira de Azevedo). São Paulo: Saraiva, 2003. P. 5.

——. *Lei de Introdução ao Código de Processo Civil Interpretada*. São Paulo: Saraiva, 1994.

FAIRCHILD, Thomas E. *Limitation of New Judge-Made Law to Prospective Effect Only: "Prospective Overruling" or "Sunbursting"*, 51 Marq. L. Rev. 254, 255 (1967-68).

FAZZALARI, Elio. Instituizoni di diritto processuale. Padova: Cedam, 1975.

FLACH, Daisson. Comentários ao artigo 475-A. *In* ALVARO DE OLIVEIRA, Carlos Alberto (Coord.). *A Nova Execução: comentários à Lei 11.232, de 22 de dezembro de 2005.* Rio de Janeiro: Forense, 2006.

GABBA, C.F. *Teoria Della Retroattività Delle Leggi.* Torino: Unione Tipografico-Editrice, 1891. T I a IV. 3ª edição.

GONÇALVES, Carlos Roberto. *Principais Inovações no Código Civil de 2002: breves comentários.* São Paulo: Saraiva, 2002. p. 51.

GONÇALVES, Marcus Vinícius Rios. *Novo curso de direito processual civil.* São Paulo: Saraiva, 2004. V. 1.

JEVEAUX, Geovany. *Direito Adquirido Processual.* Revista de Processo nº 136, v. 31, junho/2006.

LACERDA, Galeno. *Despacho Saneador.* Porto Alegre: Sulina, 1953. p. 142.

———. *O Novo Direito Processual Civil e os Feitos Pendentes.* 2. ed. Rio de Janeiro: Forense, 2006.

———. *O Novo direito processual civil e os feitos pendentes.* Rio de Janeiro: Forense, 1974.

LIEBMAN, Enrico Tullio. *Eficácia e Autoridade da Sentença.* 2ª ed. Rio de Janeiro: Forense, 1981.

LIMONGI FRANÇA, R. *Direito Intertemporal Brasileiro – Doutrina da Irretroatividade das Leis e do Direito Adquirido.* 2ª ed. São Paulo: Revista dos Tribunais, 1968.

MARINONI, Luiz Guilherme; ARENHART, Sérgio Cruz. *Curso de Processo Civil.* São Paulo: Revista dos Tribunais, 2007. V. 3.

———;———. *Manual do Processo de Conhecimento – A tutela jurisdicional através do processo de conhecimento.* 2ª ed. São Paulo: Revista dos Tribunais, 2003.

MAXIMILIANO, Carlos. *Direito Intertemporal ou Teoria da Retroatividade das Leis.* São Paulo: Saraiva, 1946.

MITIDIERO, Daniel Francisco. *Comentários ao Código de Processo Civil.* São Paulo: Memória Jurídica, 2004. Tomo I.

MONIZ DE ARAGÃO, Egas D. *Hobbes, Montesquieu e a teoria da ação.* Revista de Processo nº 108, out/dez 2002.

NÓBREGA, J. Flóscolo da. *Introdução ao direito.* 2ª ed. Rio de Janeiro: José Konfino, 1962.

PERROT, Roger. O processo civil francês na véspera do século XXI. Trad. J. C. Barbosa Moreira. *Revista Forense*, Rio de Janeiro, v. 94, n. 342, p. 161-168, abr. 1998.

PONTES DE MIRANDA, Francisco Cavalcanti. *Comentários ao Código de Processo Civil.* Rio de Janeiro: Forense, 1978. T. XVII.

———. ———, 1975. T. II e VII.

REZENDE FILHO, Gabriel José Rodrigues de. *Curso de Direito Processual Civil.* São Paulo: Saraiva, 1965. V. I.

ROUBIER, Paul. *Les Conflits de Lois Dans Le Temps – Théorie Dite de la Non-Rétroactivité des Lois.* Paris: Recueil Sirey, 1929. T. I e II.

SILVA, Ovídio A. Baptista da. *Comentários ao Código de Processo Civil,* v. 1: do processo de conhecimento, arts. 1º a 100. São Paulo: Revista dos Tribunais, 2000. p. 400.

———. ———, v. 13: dos procedimentos especiais, arts. 890 a 981. São Paulo: Revista dos Tribunais, 2000. p. 219.

STEIN, Torsten. *A segurança jurídica na ordem legal da República Federal da Alemanha*. São Paulo: Fundação Konrad Adenauer, 2000. [Cadernos Adenauer, 3].

TESHEINER, José Maria Rosa. *Eficácia da Sentença e Coisa Julgada no Processo Civil*. São Paulo: Revista dos Tribunais, 2001.

———. *Pressupostos processuais e nulidades no processo civil*. São Paulo: Saraiva, 2000.

THEODORO JÚNIOR, Humberto. A onda reformista do direito positivo e suas implicações com o princípio da segurança. *Revista Magister: Direito civil e Processual Civil*, Brasília, DF, v. 2, n. 11, p. 5-32, mar./abr. 2006.

———. *Comentários ao novo Código Civil, volume 3, t. 2: Dos defeitos do negócio jurídico ao final do livro III*. Rio de Janeiro: Forense, 2003. p. 560.

TUCCI, José Rogério Cruz e. Garantia da prestação jurisdicional sem dilações indevidas como corolário do devido processo legal. *Revista de Processo*, São Paulo, v. 17, n. 66, p. 72-78, abr./jun. 1992.

WALD, Arnoldo. Eficiência Judiciária e Segurança Jurídica: a racionalização da legislação brasileira e reforma do Poder Judiciário. *In* MACHADO, Fábio Cardoso; MACHADO, Rafael Bicca (Coord.). *A Reforma do Poder Judiciário*. São Paulo: Quartier Latin, 2006.

WAMBIER, Luiz Rodrigues. A Lei 11.232/2005, o direito intertemporal e a execução coletiva (Parecer). *Revista de Processo* nº 145, Mar/2007.

WAMBIER, Teresa Arruda Alvim e outros. *Sobre a necessidade de intimação pessoal do réu para o cumprimento da sentença, no caso do art. 475-J do CPC*. Disponível em: www.tex.pro.br. Acesso em: 16 jun. 2006.

———. *Os agravos no CPC brasileiro*. 3ª ed. São Paulo: Revista dos Tribunais, 2000.

ZAVASCKI, Teori Albino. *Comentários ao código de processo civil*. São Paulo: Revista dos Tribunais, 2000. v. 8.